名师名校名校长

凝聚名师共识
回应名师关怀
打造名师品牌
培育名师群体

　　　　　昭明远学

教而后则思

陶增元 / 主编

北方联合出版传媒(集团)股份有限公司

万卷出版有限责任公司

ⓒ　陶增元　2022

图书在版编目（CIP）数据

教而后则思 / 陶增元主编. — 沈阳：万卷出版有
限责任公司，2022.1
ISBN 978-7-5470-5908-1

Ⅰ．①教… Ⅱ.①陶… Ⅲ.①课程—教学设计—中学
Ⅳ.①G632.3

中国版本图书馆CIP数据核字（2022）第001934号

出版发行：北方联合出版传媒（集团）股份有限公司
　　　　　万卷出版有限责任公司
　　　　　（地址：沈阳市和平区十一纬路29号　邮编：110003）
印 刷 者：北京政采印刷服务有限公司
经 销 者：全国新华书店
幅面尺寸：170mm×240mm
字　　数：310千字
印　　张：19
出版时间：2022年1月第1版
印刷时间：2022年1月第1次印刷
责任编辑：赵新楠
责任校对：尹葆华
装帧设计：言之凿
ISBN 978-7-5470-5908-1
定　　价：45.00元
联系电话：024-23284090
传　　真：024-23284448

编 委 会

一份好的教学设计凝聚着教学者的智慧，它反映了教学者对整个教学过程的构思、教学应达成的目标、每一个教学环节的意图的贯彻，以及教学者课后对自己整个教学活动进行的全面、深入、冷静的思考与总结，对自己在教学中的教学行为的一个重新审视和分析，其中既有对自己的成功之处的肯定，也有对自己的不足之处的剖析。

本书收集了八位作者近年来获得市二等奖（含）以上的教学竞赛的教学设计，包括教学设计本身获奖，也有省市公开课、送教下乡、示范课的教学设计，特别是包含了在 2020 年疫情防控期间，这八位教师参与的、由江西省教育厅组织的"赣教云"线上教学的录播课的教学设计，录课任务由两节到五节不等。他们为响应教育部倡导的"停课不停学"做出了突出的贡献。其中的每一节课的成功录制不仅凝聚着他们的汗水与心血，也代表着他们面对疫情高发期间随时可能被感染而表现出的勇气与担当，当然也凝聚着幕后工作者们的点点付出与努力，他们分别是：江西省教学教材研究室陈莉红老师，九江市教科所胡雄华老师，吉安市二中吴显焰老师，抚州市临川区崇仁中学陈永华老师，抚州市教研员蔡淑霞老师，在此，对他们一并表示衷心的感谢！

在征集稿件过程中，收到了这八位教师共计 74 篇教学设计，但由于篇幅的原因，所有曾经出版过的教学设计［包括北京师范大学出版社出版的《初中数学教师教学用书（光盘）》］未入选本书，有部分教师的市级或市级以下的公开课或获奖课程也未入选本书，在此对这些教师表示歉意！

编者

2021 年 7 月

目录

第四章　石芳芳教学设计

第五章　熊巧闽教学设计

第六章　熊欣欣教学设计

第七章　蔡江燕教学设计

第八章　闵礼刚教学设计

第一章

陶增元教学设计

八年级上册第三章第 1 节《确定位置》[①]

一、教材分析

本节课主要是为以后学习平面直角坐标系做好铺垫与准备工作，尤其是行列定位法与极坐标定位法对后续的函数以及高中解析几何的学习有重要的作用，它是整个函数与解析几何的基石，在教学内容中渗透了数形结合与分类讨论的数学思想。

二、学情分析

将现实生活中常用的定位方法以分类的形式呈现给学生，将进一步丰富学生的数学活动经验，促进学生观察、分析、归纳、概括的能力的提高。对八年级学生而言，他们对新鲜事物特别有兴趣。因此，教学过程中创设生动活泼、直观形象，且贴近他们生活的问题情境，会引起学生的极大关注，有利于学生对内容的较深层次的理解；另一方面，学生已经具备了一定的学习能力，可多为学生创造自主学习、合作交流的机会，促使他们主动参与、积极探究。

[①] 本教案是作者于 2017 年 4 月在教育部组织的 2015—2016 年度"一师一优课　一课一名师"活动中荣获部级优课及江西省一等奖课例的教学设计。

三、教学目标

1. 知识与技能：经历位置确定的过程，掌握行列定位法，了解其他几种定位法。

2. 数学理解：让学生在探究过程中体会数形结合与分类讨论的数学思想，培养学生的数学思维方式。

3. 问题解决：培养学生的应用意识。

4. 情感态度：通过国庆阅兵式的视频激起学生的爱国热情，通过实例激起学生对数学的兴趣，培养学生对学习的好奇心与求知欲。

四、教学重点

行列定位法。

五、教学难点

极坐标定位法。

六、教学过程

第一环节：行列定位法

播放阅兵式视频，这是国庆 60 周年的阅兵式，其中有我一个学生，在阅兵式之前，他告诉爸妈，他的位置是第四行第二列，在国庆节阅兵式上可以从电视上看到他。但到了国庆那天，从电视上的那个位置所看到的不是他，他爸妈大失所望，到底是怎么回事呢？你们猜一猜！

目的：让学生了解行列定位法，行列定位法要用到多少个数据。

第二环节：经纬度定位法

出示地图，这是哪个地方的地图？2008 年 5 月 12 日 14：28，我国四川省发生里氏 8.0 级强烈地震，震中位于阿坝州汶川县境内，震中位于北纬 31.4°，东经 103.6°。在这次地震中有 69142 人遇难，17551 人失踪，这是中华人民共和国成立以来破坏性最强、波及范围最大的一次地震。你能在图中找到震中的大致位置吗？

目的：引出经纬度定位法。

第三环节：极坐标定位法

图 1 是某次海战中敌我双方舰艇对峙示意图（图中 1 cm 表示 20 nmile），对我方舰艇来说：

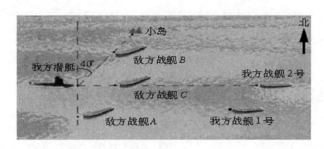

图 1

（1）北偏东 40°的方向上有哪些目标？要想确定敌舰 B 的位置，还需要什么数据？

（2）距我方潜艇 20 nmile 处的敌舰有哪几艘？

（3）要确定每艘敌舰的位置，各需要几个数据？

（4）如何表示敌舰 A，B，C 的位置？

目的：引出极坐标定位法，突破难点。

第四环节：区域定位法

出示九江城区地图，怎么找到自己学校九江十一中的位置（烟水亭）呢？怎么表示这个定位呢？

目的：引出区域定位法，了解区域定位法。

第五环节：小试牛刀

出示电影票。

（1）在电影院内如何找到电影票上指定的位置？请在屏幕上找到电影票所指出的座位。

（2）在电影票上"6 排 3 号"与"3 排 6 号"中的"6"的含义有什么不同？

（3）如果将"6 排 3 号"简记作（6，3），那么"3 排 6 号"如何表示？（5，6）表示什么含义？（6，5）呢？

目的：巩固行列定位法，了解定位法在生活中的实际应用。

第六环节：归纳总结

（1）确定一个座位需要几个数据？

（2）在生活中，确定物体的位置还有其他方法吗？

目的：进一步提升对定位法的了解与掌握。

第七环节：课堂反馈

（1）在平面内，下列数据不能确定物体位置的是（　　）

A. 3 楼 5 号 　　　　　　　　B. 北偏西 40°

C. 解放路 30 号 　　　　　　 D. 东经 120°，北纬 30°

（2）海事救灾船前去救援某海域失火轮船，需要确定（　　）

A. 方位角 　　　　　　　　　 B. 距离

C. 失火轮船的国籍 　　　　　 D. 方位角和距离

（3）某轮船航行到 A 处时观察岛 B 在 A 的北偏东 75°方向上，如果轮船继续向正东航行 10 海里到 C 处，发现岛 B 在船的北偏东 60°方向，请按 2 海里对应 0.5 cm 画出小岛与船的位置关系图示，并说明轮船向前航行过程中，距岛 B 的最近距离．

（4）观察如图 2 所示象棋盘，回答问题：

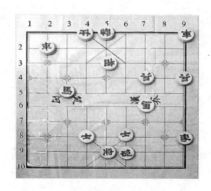

图 2

① 请你说出"将"与"帅"的位置；

② 说出"马3进4"（即第3列的马前进到第4列）后的位置.

（5）举出在空间确定物体位置的一种方法。在你的方法中用到了几个数据？

目的：巩固对所学知识的掌握。

第八环节：课堂小结

（1）在平面内，确定一个点的位置一般需要几个数据？

（2）确定平面位置的表示方法有哪几种？

（3）本节课用到了哪些数学思想方法？

目的：对所学的知识进一步进行升华、提高。

第九环节：布置作业

作业内容略。

七、教学反思

本设计在教授学生数学知识的同时，还力图在教学中贯彻以下几种思想：

（1）通过阅兵式视频的播放与讲解，培养学生的民族自豪感，培养他们的爱国主义情操。

（2）通过区域定位法的学习，让学生找到自己的学校与家乡，培养学生爱家乡、爱学校的情怀。

（3）通过经纬定位法的学习，从汶川大地震给人类带来的伤害与损失中，培养学生悲天悯人的情感。

本节课的知识内容偏简单，所以学生对知识的掌握较好，同时他们在课堂上能较好地接受爱校、爱家乡、爱祖国的教育。并且课后有同学问到这节课有什么用时，教师适时地引出了导弹定位、驴友遇险时的定位等现实生活中的实例，同时也让学生接触到数形结合思想的雏形。

八年级下册第一章第 2 节《直角三角形（1）》[①]

一、内容与内容解析

1. 内容

直角三角形性质与判定，勾股定理与勾股定理逆定理，命题与逆命题，定理与逆定理。

2. 内容解析

本节课是北师大版《义务教育教科书·数学》八年级下册第一章第 2 节第一课时，主要学习直角三角形的性质定理与判定定理，勾股定理与勾股定理逆定理、命题与逆命题、定理与逆定理等概念。教材首先采用了回顾复习的方式从角与角的关系得到"直角三角形的两锐角互余"，以及"有两个角互余的三角形是直角三角形"这两个定理，再从边与边的关系回顾了勾股定理及勾股定理逆定理的基本内容，但由于勾股定理逆定理并没有经过证明，由此引出对勾股定理逆定理的探索与证明。勾股定理逆定理的证明与其他图形性质与判定的证明有所不同，它采用的是构造一个新的三角形，这个三角形与原三角形的两边相等，且夹角为直角，最后通过证明这两个三角形全等的方式得到原三角形是直角三角形。

然后，教材通过提问的方式，要求学生对这两组定理进行观察后再思考，它们的条件与结论有什么关系，从而引出了命题与逆命题、定理与逆定理两组概念。

一个命题的条件与结论互换以后，会形成一个新的命题，这个命题就是原

[①] 本教案为作者在 2020 年疫情防控期间参与的由江西省教育厅组织的"赣教云"中小学线上公开课的教学设计。

命题的逆命题。新命题的条件是原命题的结论，新命题的结论是原命题的条件，这两个命题形成了互逆命题，这两个命题的真假不具有一致性。

一个定理首先是一个命题，但它的逆命题是否是真命题，还需要经过证明，若能证得为真命题，那么这个定理的逆命题也是逆定理。

基于以上分析，本节课的重点是：勾股定理逆定理的证明。

二、教学目标解析

1. 目标

（1）经历探索勾股定理逆定理的过程，经历比较并理解命题与逆命题、定理与逆定理两组内容的异同点及相互联系。

（2）发展学生的逻辑推理能力。

（3）培养学生的抽象思维能力。

2. 目标解析

学生在八年级上册的学习中已经掌握了勾股定理及其逆定理的基本内容，勾股定理已经得到了证明，但勾股定理逆定理并没有得到证明，他们只是在直观上感知到勾股定理逆定理的存在，但对如何从理性思维上去证明这个定理还没有一个系统的逻辑思考，这就为勾股定理逆定理的探索提供了必要性。

学生对于本节课所需学习的直角三角形方面的知识都有过了解与使用，只是以前对于勾股定理逆定理的相关证明没有做深入的探索，也就是说，勾股定理逆定理的理论还应该经过证明。在这些定理的证明过程中，不仅要有丰富的抽象思维与直观想象，也需要缜密的逻辑思维。

学生在八年级上册已经学习过命题的概念，掌握了命题的条件与结论以及真命题、假命题等相关知识，为今天学习原命题与逆命题等方面的相关知识奠定了基础。

几何教学的主要作用在于培养学生缜密的逻辑思维能力，这项功能贯穿于整个平面几何的教学过程中，因此本节课的重点还有发展学生的逻辑推理能力。

三、教学问题诊断分析

在本节课的教学过程中，由于直角三角形的性质的证明已经在八年级有过涉及，勾股定理的证明对于学生来说有几种比较熟悉的证法，如赵爽弦图、邹元治证法、总统证法等，但他们并不熟悉勾股定理逆定理的证明。事实上，这个定理的证明又不同于那些在原图上作辅助线的证明方法，它是要重新构造一个图形，使这个图形与原图形全等，类似于无中生有，这种证法在以往的证明中并没有出现过。

基于以上分析，本节课的难点是：勾股定理逆定理的证明。

四、教学支持条件分析

由于这是在疫情期间的网上课程，面对授课时没有学生的局面，本节课采用启发式教学，并采用传统教学与现代技术相结合的手段进行辅助教学。

（1）运用传统教学手段，可以在黑板上自如地帮助学生分析证明的思路与解题的方法。

（2）运用PPT的现代技术能更好地帮助学生理解勾股定理逆定理的证明，适当增大课堂的容量。

五、教学过程设计

第一环节：复习引入——复习直角三角形的性质与判定定理的内容

教师提问：我们在以前的学习中，学习了直角三角形，请问，直角三角形有哪些性质？怎样判定一个三角形是直角三角形？

结论：

表1

性质	判定
定理1. 直角三角形的两个锐角互余	定理2. 有两个角互余的三角形是直角三角形
定理3. 直角三角形的两直角边的平方和等于斜边的平方	定理4. 如果一个三角形的两边的平方和等于第三边的平方，那么这个三角形是直角三角形

设计意图：通过复习直角三角形的相关概念，从而引出对勾股定理逆定理的证明。复习时，引导学生从两个方面分析直角三角形的性质与判定定理，一是从角与角的关系看，二是从边与边的关系看。

第二环节：思维拓展——证明勾股定理逆定理

复习回顾：直角三角形的性质定理与判定定理的证明非常简单，勾股定理的证明在上学期已经学习过很多种证法，比如赵爽弦图、邹元治证法、总统证法等。

提问：但定理4只是通过度量得到，没有经过证明，应当怎样证明？

这是一个命题，命题的证明，首先是要画出图形，根据图形，写出已知、求证，再进行证明。

已知：如图1，在 $\triangle ABC$ 中，$AC^2 + BC^2 = AB^2$. 求证：这个三角形是直角三角形.

分析：要想证明这个三角形是直角三角形，也就是证明 $\angle C = 90°$，我们首先想到的是从角入手，即证明 $\angle A + \angle B = 90°$，但已知条件中没有一个角出现，这就说明想采用"有两个角互余的三角形是直角三角形"这个定理证明 $\angle C = 90°$ 是不可能的，那就只能另找出路。我们可以这样思考，题中有边与边的关系，而结论是证明角，我们通常会想到全等三角形，但现在只有一个三角形，和谁全等，似乎这个题目就陷入僵局，但我们可以构造一个三角形出来，只要构造的这个三角形有一个角为90度，并且能证明它与 $\triangle ABC$ 全等，那么问题就迎刃而解了。

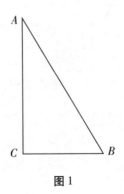

图1

证明：作一个直角三角形，使 $A'C' = AC$，$B'C' = BC$，$\angle C' = 90°$.

$\therefore A'C'^2 + B'C'^2 = A'B'^2$.

又 $\because AC^2 + BC^2 = AB^2$，

$\therefore A'B'^2 = AB^2$，

∴ $A'B' = AB$.

在△ABC与△$A'B'C'$中，

$$\begin{cases} AC = A'C' \\ AB = A'B' \\ BC = B'C' \end{cases}$$

∴ △$ABC \cong$ △$A'B'C'$（SSS），

∴ ∠C = ∠C' = 90°,

∴ △ABC 是直角三角形.

小结：当我们想证明两个三角形全等时，而有一个三角形不存在时，我们可以构造一个三角形与已知三角形全等（图2），这种方法类似于无中生有，这也是作辅助线的一个思考方向。我们证明出的这个定理也是判定一个三角形是否是直角三角形的重要方法。

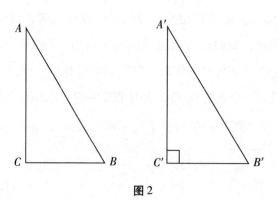

图2

设计意图：经历探索勾股定理逆定理的过程，培养学生的逆向思维能力与演绎推理能力。

第三环节：互逆命题

例1 给出下列两组命题，分别写出它们的条件与结论。

第一组命题：

定理1 直角三角形的两个锐角互余。

命题：如果一个三角形是直角三角形（条件），那么这个三角形的两个锐角互余（结论）。

定理2 有两个角互余的三角形是直角三角形。

命题：如果一个三角形的两个锐角互余（条件），那么这个三角形是直角三角形（结论）。

第二组命题：

定理3 直角三角形的两直角边的平方和等于斜边的平方。

命题：如果一个三角形是直角三角形（条件），那么这个三角形的两直角边的平方和等于斜边的平方（结论）。

定理4 如果一个三角形的两边的平方和等于第三边的平方（条件），那么这个三角形是直角三角形（结论）。

问题：从这两组命题中你发现了什么共同特征呢？

结论：前一个命题的条件是后一个命题的结论，前一个命题的结论是后一个命题的条件。

例2 给出下列两组命题，写出它们的逆命题，并判断它们的真假。

第一组：

如果两个角是对顶角，那么这两个角相等。（真）

如果两个角相等，那么这两个角是对顶角。（假）

第二组：

如果我是八年级学生，那么我今天在赣教云上学习。（假）

如果我今天在赣教云上学习，那么我是八年级学生。（假）

结论：这两组命题中，前一个命题的条件是后一个命题的结论，前一个命题的结论是后一个命题的条件，这两组命题叫互逆命题，一个命题是另一个命题的逆命题。

设计意图：通过几组例题的学习，让学生了解命题与逆命题的有关概念与知识，掌握命题与逆命题的相关结构。

第四环节：判断命题的真假

例3 原命题是："如果 $a = b$，那么 $a^2 = b^2$"，那么它的逆命题是什么？并判断它们的真假.

结论：逆命题：如果 $a^2 = b^2$，那么 $a = b$.

原命题是真命题，而逆命题是假命题。

分析归纳：

表2

原命题	逆命题
直角三角形的两个锐角互余（真，定理）	有两个角互余的三角形是直角三角形（真，定理）
直角三角形的两直角边的平方和等于斜边的平方（真，勾股定理）	如果一个三角形的两边的平方和等于第三边的平方（条件），那么这个三角形是直角三角形（真，勾股定理逆定理）
如果两个角是对顶角，那么这两个角相等（真）	如果两个角相等，那么这两个角是对顶角（假）
如果我是八年级学生，那么我今天在赣教云上学习（假）	如果我今天在赣教云上学习，那么我是八年级学生（假）
如果 $a=b$，那么 $a^2=b^2$（真）	如果 $a^2=b^2$，那么 $a=b$（假）

结论：如果原命题是真命题，那么它的逆命题不一定是真命题。

定理是真命题，如果它的逆命题也是真命题，是逆定理，如勾股定理与勾股定理逆定理。

设计意图：通过本环节的教学，使学生基本掌握原命题与逆命题的真假性，清楚了解两种命题的真假性相互没有关联。

第五环节：反馈练习

（1）在 $\triangle ABC$ 中，若 $\angle A = \angle B = 45°$，$BC = 4$，则 $AB =$ _____.

（2）如图3，在 $\triangle ABC$ 中，若 $AB = AC = 13$，$BC = 10$，则 $\triangle ABC$ 的面积是 _____.

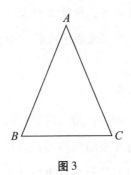

图 3

（3）写出下列命题的逆命题，并说出它们的真假.

① 四边形是多边形；

② 两直线平行，同旁内角互补；

③ 若 $ab=0$，则 $a=0$，$b=0$.

（4）如图 4，已知在 $\triangle ABC$ 中，$AB=13$ cm，$BC=10$ cm，AD 是 BC 的中线，且 $AD=12$ cm，求证：$AB=AC$.

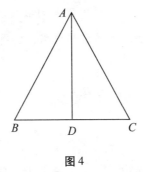

图 4

证明：$\because AD$ 是 BC 的中线，

$\therefore BD=CD=\dfrac{1}{2}BC=5$ cm.

又 $\because AB=13$ cm，$AD=12$ cm.

$\therefore BD^2+AD^2=AB^2$.

$\therefore \triangle ABD$ 是直角三角形.

$\therefore AD\perp BC$，

$\therefore AD$ 是 BC 的垂直平分线.

$\therefore AB=AC$.

设计意图：通过本环节的教学，使学生能够进一步夯实所学的知识，培养学生的推理能力与逻辑思维能力，发展学生的核心素养。

第六环节：总结归纳

回顾本节课学习了哪些内容。

（1）直角三角形的性质定理：直角三角形的两个锐角互余。

（2）判定定理：有两个角互余的三角形是直角三角形。

（3）勾股定理：直角三角形的两直角边的平方和等于斜边的平方。

（4）勾股定理逆定理：如果一个三角形的两边的平方和等于第三边的平方（条件），那么这个三角形是直角三角形。

（5）原命题与逆命题：原命题的条件是逆命题的结论，原命题的结论是逆命题的条件。

（6）定理与逆定理：定理与逆定理都是真命题。

设计意图：对所学知识进行归纳总结，进一步巩固所学知识，理解直角三角形的性质定理与判定定理以及勾股定理与勾股定理逆定理的联系与区别，体会逆向思维以及数学思想方法在数学中的应用，发展学生的核心素养。

第七环节：布置作业

课本 P17 - P18 习题 1.5 第 1—5 题。

六、教学反思

本节课主要有两个新的知识点，一个是探索勾股定理逆定理，另一个是命题与逆命题概念的学习。前一个知识点主要是培养学生的逻辑思维能力，在证明过程中既要有逆向思维的分析方法，也要有直观想象的数学素养。而第二个知识点主要是要求学生理解命题与逆命题之间的联系与区别，它主要培养学生的认知能力。培养学生的数学推理能力是贯穿在整个初中数学学习生活之中的，因此，从重要程度上看，第一个知识点更加重要一些，所以在教学中要在第一个知识点上花费更多的时间与精力。

由于本节课是在疫情防控期间通过网络或电视的方式给学生上课，而每个学生当时的学习状态各不相同，有自觉跟随老师一起学习的，也有被家长逼着学习的，也有看热闹打酱油的，还有根本没有上网上课的，通过网上提交来的作业看差异较大，甚至个别学生作业的真实性待考，学习的效果可想而知。特别是复课之后对学生的学习进行的测试说明，只有极少数学生在此期间的学习是高效的，多数学生的学习是低效的，一部分的学习是无效的。因此，复课之后，我们依然花了大量的时间用来巩固网上所学的知识。

八年级下册第一章第2节《直角三角形（2）》[1]

一、内容与内容解析

1. 内容

直角三角形全等的判定定理（HL）及其应用。

2. 内容解析

本节课是北师大版《义务教育教科书·数学》八年级下册第一章第2节《直角三角形》第二课时，主要是学习两个直角三角形全等的判定定理（HL）及其应用。教材首先提出问题：两边分别相等且其中一组等边的对角相等的两个三角形全等吗？显然，这是在问是否存在 SSA 定理。接着，教材又问，如果其中一组等边所对的角是直角呢？这为后续的探索 HL 定理做好了铺垫。紧接着，教材要求通过作图的方式让学生直观感受到两个直角三角形全等可以使用斜边与一条直角边分别相等的两个三角形全等进行判断，然后再通过理性分析这两个直角三角形全等。这是一个从感性认识到理性认识的过程，也是合情推理与演绎推理相结合的过程。在最后，教材安排了一个与 HL 定理相关的有生活趣味的应用性例题：滑梯的两个倾斜角的大小关系。本节课始终围绕 HL 定理的猜想、证明与应用展开教学，让学生经历从合情推理到演绎推理的过程，其实质是培养学生的推理能力，发展学生的数学核心素养。

根据以上分析，本节课的重点是：探索 HL 定理，培养学生的合情推理与逻辑推理能力。

---

[1] 本教案为作者参与的在 2020 年疫情防控期间由江西省教育厅组织的"赣教云"中小学线上公开教学的教案，并于 2020 年 9 月荣获江西省首届数字化中学数学教学能力评比初中组一等奖。

二、教学目标解析

1. 目标

（1）经历探索直角三角形的判定定理 HL 的过程。

（2）培养学生合情推理与逻辑推理能力，发展学生的数学核心素养。

（3）发展学生的抽象思维能力。

2. 目标解析

学生在前面的学习中已经掌握了直角三角形的性质、勾股定理、全等三角形的判定定理等相关知识，并有丰富的作图经验，为今天的进一步学习 HL 定理及其应用奠定了知识方面的基础，同时也有过很多探索图形性质的经历。在近两年的学习中，也有了一定的逻辑思维能力和抽象思维能力，为本节课探索HL 定理奠定了能力方面的基础。

学生在前面的学习中，有过探索三角形全等的经历，掌握了三角形全等的四种判定方法，即 SAS、SSS、ASA、AAS，但其实他们心中始终有一个疑问：为什么没有 SSA？以这个疑问为本节课的切入点，更能吸引学生的注意力，让学生经历从作图、猜想到证明的过程，经历一个从合情推理到演绎推理的过程，能促进学生对本节课知识的理解与吸收，更能培养学生的抽象思维能力。

三、教学问题诊断分析

由于学生在以前的学习中一直认为，在任何情况下有两边及其中一边的对角相等的两个三角形不可能全等，这就在学生头脑中会形成一个定式思维，但"有两边及其中一边的对角相等的两个三角形全等"在直角三角形中却是适用的，这两者之间形成反差，要想消除这个反差，有一定的难度。

基于以上分析，本节课的教学难点是：直角三角形的判定定理 HL 的推导过程。

四、教学支持条件分析

由于这是在疫情期间的网上课程，面对授课时没有学生的局面，因此本节课采用启发式教学，并采用传统教学与现代技术相结合的手段进行辅助教学。

（1）运用传统教学手段，可以在黑板上自如地帮助学生分析证明的思路与解题的方法，培养学生合情推理能力。

（2）运用PPT的现代技术能更好地帮助学生理解直角三角形的判定定理HL的推导，培养学生演绎推理能力，并能适当增大课堂的容量。

五、教学过程设计

第一环节：提出问题

问题1：证明两个三角形全等有哪些定理或公理？

问题2：

（1）有少数同学经常用到SSA，请问这能成立吗？

（2）有没有在特殊的情况下，用两边及其中一边的对角相等能证明两个三角形全等？

设计意图：通过问题的提出，引出学生对SSA是否存在的思考，为HL定理的引入做好铺垫。

第二环节：探索新知

（1）作图：如图1，已知线段 a 与线段 c （$a < c$），直角 β.

求作：Rt$\triangle ABC$，使 $\angle C = 90°$，$BC = a$，$AB = c$.

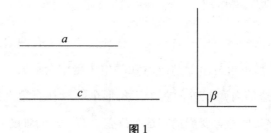

图1

当每个学生把图形作好后，同座学生进行对比，看他们各自所作的三角形是否全等，从而引导学生得出结论：有斜边与一条直角边相等的两个直角三角形全等。

（2）已知：在 Rt$\triangle ABC$ 和 Rt$\triangle A'B'C'$中，$\angle C = \angle C' = 90°$，$AB = A'B'$，$BC$

18

$= B'C'$.

求证：Rt$\triangle ABC \cong$ Rt$\triangle A'B'C'$.

证明：在 Rt$\triangle ABC$ 中，$AC^2 = AB^2 - BC^2$（勾股定理）.

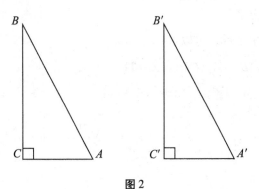

图2

又∵ 在 Rt$\triangle A'B'C'$中，$A'C'^2 = A'B'^2 - B'C'^2$（勾股定理），

∴ $AB = A'B'$，$BC = B'C'$，

∴ $AC = A'C'$.

∴ Rt$\triangle ABC \cong$ Rt$\triangle A'B'C'$（SSS）.

从而得到结论，直角三角形全等的判定定理：斜边和一条直角边对应相等的两个直角三角形全等. 简称：斜边、直角边，简写：HL.

设计意图：通过作图，引导学生得到合情推理：有斜边与一条直角边相等的两个直角三角形全等，然后再对这个结论进行演绎推理。通过合情推理提出猜想，指明探索的方向，演绎推理则对结论进行了验证，这两种推理形式是紧密联系、相辅相成的；通过对该定理证明的分析，让学生学会做证明题时可以进行逆向思考，体会逆向思维的价值。

第三环节：拓展提高

例1　判断下列命题的真假，并说明理由.

（1）两个锐角对应相等的两个直角三角形全等.

（2）两条直角边对应相等的两个直角三角形全等.

（3）斜边及一个锐角对应相等的两个直角三角形全等.

（4）一条直角边和一个锐角对应相等的两个直角三角形全等.

设计意图：让学生经历这些命题的真假判断过程，从而明确直角三角形全等的判定方法不仅有 HL 定理，同样有其他四个定理，从而对直角三角形全等的判定有一个全面的认识。

例 2 如图 3，已知∠C = ∠D = 90°，要使△ACB ≌ △BDA，还需要什么条件？把它们分别写出来.

答案：从添加角来说，可以添加：

①∠CBA = ∠DAB，②∠CAB = ∠DBA；

从添加边来说，可以添加：③AC = BD，④BC = AD，⑤OA = OB，⑥OC = OD.

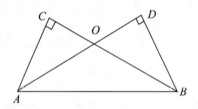

图 3

设计意图：让学生体会开放题的解法要从不同的角度进行思考，加深对直角三角形全等判定方法的理解。

例 3 如图 4，有两个长度相等的滑梯 BC 与 EF，左边滑梯的高度 AC 与右边滑梯水平方向的长度 DF 相等，两个滑梯的倾斜角∠B 与∠F 的大小关系是什么？

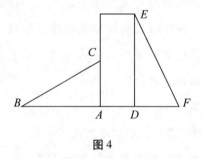

图 4

答案：∠B + ∠F = 90°，理由是：

根据题意可知，AC⊥AB，DE⊥DF，

∠F + ∠E = 90°，

在 Rt△ABC 与 Rt△DEF 中，

$$\because \begin{cases} BC = EF, \\ AC = DF. \end{cases}$$

$\therefore \text{Rt}\triangle ABC \cong \text{Rt}\triangle DEF$（HL），

$\therefore \angle B = \angle E$，

$\therefore \angle B + \angle F = 90°$．

设计意图： 学生首先通过对图形的直观认知猜想 $\angle B$ 与 $\angle F$ 的大小关系，这是一种合情推理，然后再进行证明；这是一种演绎推理，也是让学生再次经历合情推理与演绎推理的过程，提高学生的逻辑思维能力，培养学生的数学核心素养。

第四环节：反馈练习

（1）命题"一条直角边相等且另一条直角边上的中线相等的两个直角三角形全等"是真命题吗？如果是，请证明；如果不是，请举一反例．

如图 5，已知，$\text{Rt}\triangle ABC$ 与 $\text{Rt}\triangle DEF$ 均为直角三角形，$\angle C = \angle F = 90°$，$BM$ 与 EN 分别是 AC 与 DF 边上的中线，$BC = EF$，$BM = EN$．

求证：$\text{Rt}\triangle ABC \cong \text{Rt}\triangle DEF$．

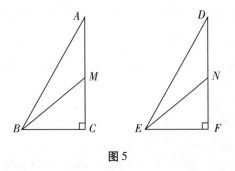

图 5

（2）如图 6，两根长度均为 12 米的绳子，一端系在旗杆上，另一端分别固定在地面的两个木桩上，两个木桩离旗杆底部的距离相等吗？说明理由．

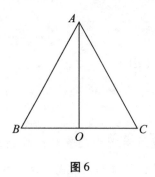

图6

设计意图：进一步提高对直角三角形全等判定的理解，培养学生的应用意识。

第五环节：归纳总结

（1）通过今天的学习，你学到了什么？

① 判定两个直角三角形全等的方法有：

AAS 或 ASA，SAS，HL，SSS

② 直角三角形全等的判定定理：

斜边和一条直角边对应相等的两个直角三角形全等。

（2）通过今天的学习，你悟到了什么？

解决问题的方法：逆向思维。

设计意图：对所学知识进行归纳总结，进一步巩固所学知识，体会逆向思维在数学中的应用。

第六环节：布置作业

（1）教材第21页习题1.6第1—5题。

（2）练习册第6页。

（3）预习下一课的内容。

设计意图：学生进一步巩固所学知识，为下一节课做好准备。

六、教学反思

本节课运用问题串的形式引出了对 HL 定理的探索，从课后作业的效果看，学生基本上掌握了 HL 定理使用的技能。由于教学过程中预设了"两个直角三角形全等的条件不仅仅只有 HL"这一个定理，因此在解题过程中，能正确运用合适的方法进行解答。在思维方法上，学生对利用逆向思维进行解题思路分析有一定的了解，但还存在一个认识与适应的过程，遇到复杂一点儿的习题还不能正确运用这一思维方式，在以后的教学中还要加强这方面的训练。

从学生的学习效果上看，由于同样的原因，其实同样存在着上一节课的问题，这需要教师在后续的教学中仔细地查漏补缺，才能回归到正常水平。

八年级下册第一章第3节《线段的垂直平分线（1）》①

一、内容与内容解析

1. 内容

线段的垂直平分线的性质定理与判定定理。

2. 内容解析

本节课是北师大版《义务教育教科书·数学》八年级下册第一章第3节第一课时，主要是探索线段垂直平分线的性质以及如何判定一个点是否在线段的垂直平分线上。教材首先回顾在八上的教材中用折纸的方法得到了线段垂直平分线的性质，但由于当时只是进行了合情推理，而没有进行演绎推理，因此，在本节课进行了逻辑推理。接着，要求学生验证这个定理的逆命题是否是真命题，由此得到了线段垂直平分线的判定定理。

在运用这两个定理的环节中，教材给出了一个例题，在等腰三角形内部的一点到底边的两个端点距离相等，证明这个点与顶点的连线是底边的垂直平分线。例题的证明主要采用线段的垂直平分线的判定定理证明这两个点均在底边的垂直平分线上，再利用两点确定一条直线得到结论。

根据以上分析，本节课的重点是：线段垂直平分线的性质定理与判定定理的证明。

---

① 本教案为作者参与的在2020年疫情防控期间由江西省教育厅组织的"赣教云"中小学线上公开教学的教案，并于2020年12月被江西省教育厅评为线上教学优质课一等奖。

二、教学目标解析

1. 目标

（1）经历探索线段垂直平分线的性质定理与判定定理的过程。

（2）培养学生合情推理与演绎推理能力。

（3）发展学生的抽象思维能力。

2. 目标解析

学生在八上的学习中已经接触了线段的垂直平分线性质，掌握了全等三角形的证明方法，在上一节的学习中学习了命题与逆命题的概念。在长期的几何学习生活中，有过很多探索图形性质的经历，有一定的数学素养，为今天的进一步学习奠定了知识与能力等方面的基础。

在引入新课的环节中，采用的是将一张画有线段 AB 的纸片对折，使两个端点重合，打开纸片，在折痕上任意找一个点，连接这个点与线段的两个端点，发现连接后的两条线段相等。当然，发现得到的结论需要经过逻辑推理的证明，这是合情推理与演绎推理相结合的结果，也是一个数学定理从发现到验证再到应用的必然途径。

数学是抽象的，但数学是由生活中来的，把生活中的一个实际物体抽象成几何模型，必须经历抽象的过程，在这个过程中，可以培养学生的抽象思维能力。

三、教学问题诊断分析

学生在证明线段相等或证明一条直线垂直平分已知线段时总是习惯性地利用三角形全等，但在本节课的例题中，采用的方法是利用两点确定一条直线的方法来证明直线垂直平分已知线段。这种方法学生没有接触过，所以他们从内心是感到新奇，但也是抗拒的，因此，在授课时，一方面要保持学生对新方法的好奇心，另一方面还要消除学生的抗拒心理。

基于以上分析，本节课的教学难点是：线段垂直平分线的性质与判定定理的应用。

四、教学支持条件分析

传统教学手段与现代教育技术相结合：

（1）运用折纸的方法能让学生直观感觉到线段的垂直平分线到线段两个端点的距离相等。

（2）运用传统教学手段，可以自如地帮助学生分析证明的思路与解题的方法。

（3）运用 PPT 的现代技术能更好地帮助学生理解线段垂直平分线的性质定理与判定定理的探索过程与方法，能适当增大课堂的容量。

五、教学过程

第一环节：情景引入

现场演示：将一张画有线段 *AB* 的纸片对折，使两个端点重合，打开纸片，在折痕上任意找一个点，连接这个点与线段的两个端点，会发现什么结论？写出条件与结论，并进行证明。

（发现：连接后的两条线段相等）

结论：线段垂直平分线上的点到这条线段两个端点的距离相等。

改写成"如果……那么……"的形式可知：

条件：如果一个点在线段的垂直平分线上。

结论：那么这点到这条线段两个端点的距离相等。

设计意图：通过折叠让学生对线段垂直平分线的性质有一个直观的认知，培养学生的合情推理能力。

第二环节：探索新知

问题：已知：如图1，直线 $MN \perp AB$，垂足是 C，且 $AC = BC$，P 是 MN 上任意一点.

求证：$PA = PB$.

证明：$\because MN \perp AB$，

$\therefore \angle PCA = \angle PCB = 90°$.

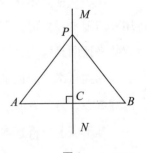

图1

∵ $AC = BC$，$PC = PC$，

∴ $\triangle APC \cong \triangle BPC$（SAS）.

∴ $PA = PB$（全等三角形的对应边相等）.

由此得到结论，线段垂直平分线性质定理：

线段垂直平分线上的点到这条线段两个端点的距离相等.

问题 2：线段垂直平分线定理的逆命题是什么？

原命题：线段垂直平分线上的点到这条线段两个端点的距离相等.

逆命题：如果一个点到一条线段两个端点的距离相等，那么这点在这条线段的垂直平分线上.

已知：如图 2，$PA = PB$.

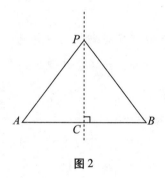

图 2

求证：点 P 在 AB 的垂直平分线上.

证法一：过点 P 作 $PC \perp AB$，垂足为 C.

∵ $PC \perp AB$，

∴ $\triangle APC$ 和 $\triangle BPC$ 都是直角三角形.

∵ $PC = PC$，$PA = PB$，

∴ $Rt\triangle APC \cong Rt\triangle BPC$（HL），

∴ $AC = BC$.

∴ 点 P 在 AB 的垂直平分线上.

证法二：把线段 AB 的中点记为 C，连接 PC.

∵ C 为 AB 的中点，

∴ $AC = BC$.

∵ $PA = PB$，$PC = PC$，

∴ $\triangle APC \cong \triangle BPC$（SSS）.

∴ $\angle PCA = \angle PCB = 90°$.

∴ $PC \perp AB$，即点 P 在 AB 的垂直平分线上.

证法三：过 P 作 $\angle APB$ 的角平分线交 AB 于 C，

∵ $PA = PB$，PC 平分 $\angle APB$，

∴ PC 垂直平分 AB（等腰三角形的三线合一）.

∴ 点 P 在 AB 的垂直平分线上.

结论，线段垂直平分线的判定定理：

到一条线段两个端点的距离相等的点在这条线段的垂直平分线上.

设计意图：

（1）通过对学生从感性认识中得到的结论作进一步证明，可以得出学生通过合情推理得出的结论是真命题，让学生认识到由合情推理得到的结论，一定要经过演绎推理的证明。

（2）通过三种不同方法的证明，让学生体会多种思维方法在几何证明题中的作用。

第三环节：思维拓展

已知：如图3，在 $\triangle ABC$ 中，$AB = AC$，O 是 $\triangle ABC$ 内一点，且 $OB = OC$.

求证：直线 AO 垂直平分线段 BC.

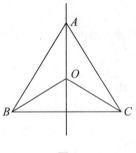

图3

证法一：$\triangle AOB$ 与 $\triangle AOC$ 中，

$AB = AC$，$OB = OC$，$AO = AO$，

∴ △AOB ≌ △AOC（SSS），

∴ ∠OAB = ∠OAC.

又∵ AB = AC,

∴ 线段 AO 垂直平分线段 BC（等腰三角形的三线合一）.

证法二： ∵ AB = AC，

∴ 点 A 在线段 BC 的垂直平分线上，

同理，点 O 在线段 BC 的垂直平分线上，

∴ 直线 AO 垂直平分线段 BC.

第四环节：反馈练习

（1）如图 4，已知 AB 是线段 CD 的垂直平分线，E 是 AB 上的一点，如果 EC = 7 cm，那么 ED = _____ cm；如果 ∠ECD = 60°，那么 ∠EDC = _____°.

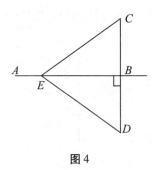

图 4

（2）如图 5，已知 MN 是线段 BC 的垂直平分线，A 是 MN 上的一点，则以下结论正确的有 _____.

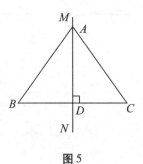

图 5

①$AC = AB$；②$\triangle ABC$ 是等边三角形；③$\triangle ADB \cong \triangle ADC$；④$MN$ 是 $\triangle ABC$ 的对称轴.

（3）如图 6，在 $\triangle ABC$ 中，已知 $AC = 27$，AB 的垂直平分线交 AB 于点 D，交 AC 于点 E，$\triangle BCE$ 的周长等于 50，求 BC 的长.

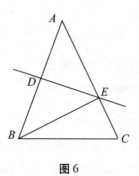

图 6

（4）已知：如图 7，$AB = AC$，$BD = CD$，P 是 AD 上一点。求证：$PB = PC$.

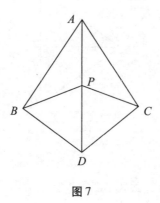

图 7

（5）已知：如图 8，直线 AB 是线段 CD 的垂直平分线，E 和 F 是直线 AB 上的两点。求证：$\angle ECF = \angle EDF$.

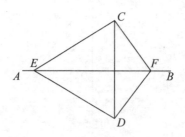

图 8

设计意图：通过本环节的训练，让学生进一步巩固所学的知识，提高分析问题、解决问题的能力，体会在解题过程中合理运用数学思想方法，培养学生的数学核心素养。

六、教学反思

疫情期间网上教学的一个最大难题在于不知道教学效果如何。一节课35分钟只是在自说自话，与学生没有互动、没有交流，教师无法得知学生的真实学习状况，只能通过每天的作业反馈来估计效果。在网上资源遍地开花的资讯时代，大多数学生的作业并不能真实地反映他们的学习效果。因此，只能通过一小部分认真负责的家长督促下的学生作业以管中窥豹。但好在现在的网络发达，教师可以通过微信、QQ、叮叮等社交平台进行查缺补漏。

从查缺补漏教学中的整体效果看来，网上教学的前期效果比后期效果要好，原因在于学生最初对网上教学抱有一种新鲜感，上课时的精力比较集中，越到后期，学生的新鲜感逐渐消失，学习愈加怠懒，效果自然大打折扣。所以在正式开学后教师还面临着更大的挑战——如何将网上教学的负面效果降到最低。

第二章

钟敏教学设计

七年级上册第四章第1节《线段 射线 直线》①

章节名称	4.1 线段、射线、直线		课时	1
教学内容分析	七年级上第四章第1节，本课的主要内容是线段、射线、直线的特征、表示方法及直线的基本性质，它是在学生已经了解三种图形概念的基础上的继续学习，学生在小学已有初步认识，通过练习对学生进行由几何语言画图与用几何语言描述几何图形的训练，为今后学习两条直线的位置关系、三角形和四边形等几何知识奠定基础。特别是直线的基本性质，它在人们的生活和生产建设中有着广泛的应用。因此，本节课似乎简单，但在教材中却处于重要的地位。本节课的学习对于学生来说，无论在知识上还是在解决或解释实际问题能力的培养上，都起着不容忽视的作用。			
学情分析	七年级学生刚从小学升入初中，处于这一阶段的学生，其思维已经具备了明显的符号性和逻辑性，但多数学生还停留在对具体事物的直观理解上，知识储备和生活经验不足，合作意识不强。在课堂上通过具体问题的指引、学生自己进行操作等，引发学生的兴趣，引导他们进一步达成教学目标。			

---

① 该课例于 2009 年 11 月荣获江西省中学数学教学能手比赛初中组二等奖。

设计理念	根据新课程标准，本节课设计上采用"生活情景—建立概念—应用拓展"的模式，关注学生的学习兴趣和经验，实施师生互动的开放式教学，让学生主动参与活动、参与数学概念数学思维的形成过程。着重学"生活中的数学"，激发学习兴趣，以及动手操作经验的积累、引导和培养学生在活动中形成对几何图形的感知和直觉思维的能力。
教学目标	知识与技能： 进一步认识线段、射线、直线的概念和表示法，并能理解它们的区别与联系；理解直线公理。 过程与方法： (1) 会画线段、射线、直线，会根据简单语句作图，经历由几何语言画图、用几何语言描述几何图形的训练过程。 (2) 通过操作，了解两点确定一条直线，积累操作活动经验，会利用直线的公理解释生活中相关现象，初步感受说理的过程。 情感、态度与价值观： (1) 通过师生共同活动，使学生了解数学与日常生活有紧密联系，从而提高学生的学习兴趣，感受数学的严谨性以及数学结论的确定性；体会"理论源于实践又作用于实践"的辩证唯物主义思想。 (2) 通过练习，使学生学会在活动中与人合作，并养成与他人交流思维的良好学习习惯。
教学重难点	(1) 重点：线段、射线、直线的意义及直线的两条性质。 (2) 难点：直线的两条性质的理解与应用。
教学方法	独立思考，合作交流，自主探索，启发引导。
教具准备	木条、卡纸、图钉、木工墨盒、多媒体课件。

教学过程			
教学环节	教师活动	学生活动	设计意图
问题情景	**展示图片，温故知新（几何之旅）** （用课件展示一组有北京的水立方、上海的东方明珠的图片，边展示边让学生说出名称）这些图片美吗？这些图片里面有你们熟悉的几何图形吗？	生：水立方看上去就像一长方体，东方明珠上面是一个球……（学生争先恐后抢着说）	通过复习让学生知道点线面体的相互依存关系，了解点是构图的最基本单位，其次是线，由此引入课题——线

教学过程			
教学环节	教师活动	学生活动	设计意图
问题情景	师：长方体由六个面、12 条棱构成，它的面与面相交是什么？线与线相交是什么？ 这些图片都是由点、线、面构成的，那构成它们的这些线有什么特点和规律呢？这就是我们今天要学习的内容。		线段、射线、直线，增加学生对新知识学习的兴趣。
新课讲解	（一）线段、射线、直线的意义 1. 线段（segment） （1）出示图片：请在地图上标出北京到玉山的航线。以北京、玉山为端点，连接两者，画一条线。 观察这条线有什么特点？互相讨论、归纳：都是笔直的、有两个端点，叫线段。 （2）教师和甲同学之间的线段与和乙同学之间的线段有什么不同？（长短不一样） 归纳：线段有长有短。 （3）生活中哪些可近似看作线段？ 2. 射线（ray or halfline） （1）展示：由香港的夜景的灯光联想到手电筒的光束、太阳的光芒等。 （2）如果我们用一点表示太阳，它的光朝一个方向传下去没有阻拦，会怎样？闭上眼想象一下画出来。这是一条什么线？它有什么特点？（直直的、有一个端点） 师：它们都可以近似地看作射线。 （3）谁来说一说射线的特点？（直直的、有一个端点）有多长？（无限）	学生试着在本子上画一条线段。 学生思考、口答。 学生举例。	从学生熟悉的生活情境引入。 学生通过议论，将数学问题生活化，提高学生学习数学的兴趣，培养学生细致地观察身边的事物的习惯。 通过对直线、射线、线段联系和区别的探究，进一步发展学生抽象概括的能力，让学生勇于表达自己的观点，善于理解他人的见解，在交流中获益。

教学过程			
教学环节	教师活动	学生活动	设计意图
新课讲解	师：你怎样理解"无限"？（没有头，找不到另一端，永远传下去） （4）大家来画一条射线吧。从这个端点还能向哪个方向放射？画一画，试一试。 3. 图片（地平线）引出直线（line） （1）它与射线有什么区别？怎么理解"两端无限延长"？ 归纳：直线是直的，无端点，无限长。 （2）让学生想象一下，画一条直线。 4. 找出直线、线段与射线的联系与区别 （1）让学生动手画一画。 ① 在直线上点一个端点，擦去一方的部分，成为射线。因此射线是直线的一部分。 ② 在直线上再点两个端点，擦去端点外的部分，观察你本上呈现的是条什么线？线段。因此，线段是直线的一部分。 （2）让学生观察、比较后，四人小组讨论一下"它们有什么相同点和不同点"。 （3）判断练习反馈。 （二）线段、射线、直线的表示方法 师：刚才我们画出线段、射线、直线，我们还只知道了它们的姓，还不知道它们的名，你们还记得表示点是用的什么方法吗？	生：一个点一般用一个大写字母来表示。 生：端点处标上一个大写字母 O，就叫射线 O。（容易产生错误，教师引导学生自主探索在错误中找到解决问题的方法）	在明确直线、射线、线段区别的基础上讲授它们的表示方法，有助于学生的理解和掌握，突出本节课的重点。

教学过程			
教学环节	教师活动	学生活动	设计意图
新课讲解	（1）我们一般地把线段的两个端点用两个大写字母（如 *A*、*B*）表示，然后这条线段我们就亲切地叫线段 *AB*，也可以表示为线段 *BA*．我们还可以给它取一个小名，用一个小写字母来表示一条线段，如字母 *a*．于是图示的线段可以记：线段 *AB*，线段 *BA*，或者线段 *a*． （2）这一条射线，我们怎样表示呢？以 *O* 为端点的射线有无数条，也能叫射线 *O*，为了准确还有更好的办法吗？ 教师强调射线 *OA* 与射线 *AO* 的区别。射线它具有方向性，因此只有一种命名。 总结：射线的记法：用端点和射线上另一点的大写字母表示，端点在前。 （3）同上述方法给出图例把直线的表示方法引导学生掌握。任取直线上两点 *A*、*B*，命名为直线 *AB* 或直线 *BA*，也可以用一个小写字母表示，如 *l*，记为直线 *l*． （4）要求学生给自己画的线段、射线、直线命名。	生：在射线的端点一侧的线上任意找一点，标上一个大写字母 *A*，就叫它射线 *OA*．	在这一环节中，教师大胆放手，允许学生出错，充分利用错例资源，突破本课难点：射线的表示方法和识别。为后面的内容奠定基础。
课堂活动	（1）布置小组活动 ① 过一点 *A* 画直线。 ② 过两点 *A*、*B* 画直线。 你可以从你的活动中发现什么结论吗？ （2）动态演示：经过一点可画无数条直线，经过两点只可画一条直线。	学生动手画图，并小组讨论，由学生代表汇报结果。	通过画图、亲身体验交流得出直线的性质，然后再通过现实生活素材加以证实亲身经验得出的正确性，有助于学生的理解和记忆。

教学过程			
教学环节	教师活动	学生活动	设计意图
课堂活动	（3）操作实验：有一个纸条和一些图钉，老师想把纸条固定在这个泡沫板上，你至少要几个图钉才能固定好？ 出示直线性质："经过两点有一条直线，并且只有一条直线"，并强调"有"的存在性和"只有"的唯一性。 （4）提出问题：在没有尺子的情况下如何利用一根棉线画直线？ （5）直线性质的应用：（生活中还有哪些两点确定一条直线的例子） 栽树、办黑板报画线、砌房子、挂窗帘、射击瞄准，等等。	学生上台动手操作。 学生独立思考，回答问题。 学生举例。	在此基础还可让学生更清楚地体会到直线表示方法的合理性，调动了学生对知识掌握的主观能动性。 使学生体会：生活处处有数学。
巩固练习	（1）已知三点 A、B、C，按要求画图. A B C ① 画直线 BC ② 连接 AB ③ 画射线 AC ④ 延长线段 AB、反向延长射线 AC （2）下列说法正确的是（ ） A. 线段 AB 长 2000 米，射线 AB 长 2000 米 B. 射线比直线短一半 C. 射线 AB 与射线 BA 是同一条射线 D. 线段有两个端点，射线有一个端点，直线没有端点 （3）过一点可作____条直线，过两点可作____条直线，过三个点中的任意两个点可作____条直线.	学生练习用几何语言画图并用几何语言描述几何图形。 学生操作。 归纳、总结、汇报。	进一步加深对直线性质的理解。

教学过程			
教学环节	教师活动	学生活动	设计意图
巩固练习	（4）木匠师傅锯木料时，一般先在木板上画出两个点，然后过这两个点弹出一条线。 这个理由是_____。 （5）一条线段 AB 上有四个点：C，D，E，F，则可以用字母表示的线段有____条。 此题在学生完成后，教师再行讲评，并对学生的完成情况做出适当、肯定的评价。		培养学生不同几何语言（文字、语言、符号语言和图形语言）之间的转换能力，巩固学习内容，适时反馈学习情况。
创新挑战	（1）你能用线段、射线或直线创造出美丽的图案吗？欣赏线段构成的美丽图案。 （2）探究课题：三条直线两两相交，最多有多少个交点？四条直线两两相交呢？n 条直线呢？	学生欣赏、操作。	设计美丽的图形，感受数学在生活中美的运用。
课堂小结	（1）线段、射线、直线的表示方法。 （2）线段、射线、直线的联系与区别。 （3）直线的性质及在生活中的运用。 （4）从生活中发现数学问题，并将数学问题回归于生活中。	学生小结（畅所欲言，互相补充）。	小结活动为学生提供更好的空间以梳理自己在本节课中的收获，加深对内容的理解，有利于所学知识的系统化。
作业	习题4.1	学生独立完成。	课后反馈，检验教学效果。

教案说明：

（1）授课内容的数学本质与教学目标定位

本节是第四章"平面图形及其位置关系"的第 1 节，学生在小学已学过相关的一部分内容。通过创设与学生生活环境、知识背景密切相关的情景，让学生在现实情境中理解线段、射线、直线是简单的平面图形，也是组成其他平面图形的基本元素。通过学生的观察、思考以及动手操作，让学生感受线段、射线、直线的不同特征，讨论总结这三个概念在端点延伸性、度量及表示方法等方面的异同。这样通过概念产生过程的教学，学生经历了从具体到抽象、从感性到理性的循序渐进的认识过程，把单纯的概念的记忆教学转变为让学生主动参与、积极探索基础上的理解教学。

在学生的认知规律和知识发展水平上，从生活中一些常见的经验出发，通过把一些实物抽象成数学模型，培养学生的数学建模思想和多角度思考问题的能力。并能运用逻辑思维，将数学概念进行联系和拓展，从而从线段开始逐渐推广到射线和直线。通过练习和小组讨论交流的方式让学生更清楚地掌握不同图形之间的区别，让每一个学生都能参与到数学活动中来，帮助他们在自主探索和合作交流的过程中真正理解和掌握基本的数学知识和技能，培养他们动手、动口、动脑及互相合作的能力。

（2）学习内容的基础以及今后有何用处，包括本内容的承前启后，在本块内容的地位作用，与其他知识内容的联系，与其他相关学科的联系以及应用。

除此之外，通过学习线段、直线、射线的英语单词，体会三者概念上的区别的同时，适时为开展双语教学作铺垫。通过欣赏图片，动手使用线段、直线、射线设计图片让学生体验数学中的美无处不在，是一种另类的艺术享受。

（3）教学诊断分析，学习本内容时容易了解与误解的地方。

线段、射线、直线是学生学习初中几何最基础的几何图形，学生容易接受，容易激起学生学习的兴趣。同时，在小学阶段，学生已经有一定线段、射线、直线这三类基本几何图形的初步认识和初步感受，缺少的是对线段、射线、直线的系统认识和理解。这是七年级学生接触的第一节几何课，学好线段、射线、直线三者的表示方法和异同点是几何基础中的基础，理解并运用"两点确定一条直线"是本节课的重点也是难点。

（4）学习本内容不容易掌握的地方及解决对策：

① 线段、射线、直线的表示方法，在活动中教师应重点关注：学生是否能通过观察发现直线、射线、线段的端点个数，延伸情况的主要区别；射线表示

有方向，端点在前，射线上任意一点在后。

② 作图活动中教师应重点关注：对不同几何语言相互转化、运用的情况，提高学生的语言表述能力；对学生的解答进行分析、纠正，有针对性地进行讲解；学生应用数学知识，解决实际上问题的能力。

③ 直线性质的获得、理解及其应用。

活动中教师应重点关注：由学生自己动手画图得出直线的性质，并让学生进一步弄清经过两点为什么只能画一条直线？在此基础上一起探究，从而得出两点确定一条直线的现实存在性；学生的主要语言是否规范；在运用直线性质解决实际问题时，学生能否掌握一定的规律性的方法。

（5）本节课的教法特点以及预期效果分析。

在本节课上，我根据学生的年龄特点、身心发展的规律以及数学活动自身的特点，精心创设和谐的学习情境与丰富多彩的活动。如欣赏图片、小组比赛等，把课本中的知识、问题设计成学生感兴趣的一个个情境，创设出一些具有思考性、探索性、思想性、趣味性或能引起认知冲突的问题或作业；如操作实验、手工做图形等。通过启发学生回答问题，轻松地调动学生学习的激情，让学生体验到学习数学的成功。通过捕捉学生的闪光点，创设生动的教育教学情境，让学生多种感官参与体验，激起求知欲望；通过问题情境的设置，促使学生独立、自主地发现问题和解决问题。

线段、射线和直线是比较抽象和枯燥的概念，尤其是直线很难让学生直观理解。为了让学生对这几个概念有一个清晰的理解和区分，让学生喜欢这节课，同时使课堂气氛活跃起来，我做了如下考虑：

① 选择兴奋点。

本节课的开始我选择以回顾人类探索宇宙的历程为切入点，激发学生探究宇宙奥秘的兴趣。从离地球最近的月球谈起，感受距离，画出线段，从而引出概念教学。在探索的过程中不断地充实科学知识，例如太阳与地球之间的距离、太阳光的传播、流星等。借助科学的奥秘使学生一直在探索发现之中，学生乐此不疲。

② 变抽象为显性。

新课程强调学生从生活中学习数学，在学习数学知识的过程中培养探索问题、解决问题的能力，并培养正确的情感、态度、价值观。因此在课堂结构的安排上，我采取了由学生自己探索学习有关概念和特点的方式。教学设计上让学生通过观察、操作，引出"用直尺把两点连接起来"可得到一条线段的描述性定义，并告诉学生什么是端点，指出线段有两个端点，指出怎样表示一条线段（出示课件）。在认识射线上，用图示与语言描述相结合的方法，引出"把线段一端无限延长"的概念，重点让学生初步理解"无限延长"就是好长、好长，长得无止境的意思。怎样用图形表示射线、直线（出示课件）？通过对比的方法，得出"射线只有一个端点，不可以度量"的特点，为学生进一步探索直线特点奠定基础。

③ 分层练习。

概念教学往往被抽象的定义所束缚，练习异常不便。因此在设计时我让学生动手画一画、擦一擦，把三线之间的区别与联系抓起来，加深印象。在提高层，把线段放到直线上数一数，共有几条线段、几条射线，来调动学生利用所学知识解决问题的积极性，收到了良好的课堂效果。

④ 加强应用，数学与生活。

设置问题情境解决生活中的数学问题，进一步巩固直线的性质。同时要求学生举例说明在日常活动中，还有哪些实例可以用两点确定一条直线来解释，进一步让学生在情感上体验数学知识在生活中的广泛应用。

七年级下册第一章《皮克公式》教学实录[①]

一、教学素材分析

《皮克公式》取材于北师大版九年义务教育数学七年级下册的阅读材料，通过补充新的教学内容改变教学形式将其设计为一节数学实验课，并附有实验报告单辅助教学。

二、设计意图及教学目的

《皮克公式》理论上的证明对七年级的学生要求过高，此节课并不做具体要求，仅从问题的引入和猜想以及单纯的计算验证和简单归纳方面做适当引导和分析，从而激发学生自主动手的学习兴趣，进行思维上的拓展。此节课作为数学实验的雏形在内容上还显得比较单一，通过提供一种新方法、新手段、新途径让学生去学习去体验。希望在若干次实验后，形成一种实验模式，而后自我动手，提出问题，分析问题，最终解决问题。

三、学生素质分析

七年级学生自身的数学知识水平比较有限，知识体系也不够完备，但都充满对未知世界的好奇与探索的向往。此节实验课正是给他们提供了这一施展个人能力及小组合作能力的机会。他们喜欢对于未知的猜测，对于感兴趣的知识与事物，孩子们更愿意投入更多的热情。若能抓住这一兴趣点，开展丰富的课堂活动，体会实验过程，想必其作用远大于一两个公式的套用。

[①] 该课例于 2004 年 7 月在第三届初中数学全国实验区系列研讨会上执教并获优秀展示课奖，同年 9 月获九江市"电教三优评比"执教录像课二等奖。

四、教学实录

师：同学们，让我们来看看今天可爱的皮卡丘给大家带来了哪些新的知识。

生：（看投影显示、齐声）皮克公式。

师：那么什么是皮克公式，它有哪些用途，而它又是如何得来的呢？相信此时大家脑子里充满了许多疑问，带着这些问题我们开始今天的探讨和实验。

首先，我们简单介绍几个名词。如图 1 当中的这些点按照一定的规则排列所组成的图形，我们叫它"点阵"，并且四个相邻点围成的正方形面积是一个单位面积。而顶点刚好落在格点上的多边形称为"点阵中的多边形"。

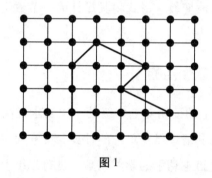

图 1

简单介绍过后进入今天的问题情境：

师：你能想办法计算出图中点阵中多边形的面积吗？

请各小组讨论并且尽可能多地想出各种不同的方法。

（大家展开热烈讨论，很快便得出答案，请同学在黑板上讲解其计算过程，大伙各抒己见，场面十分热烈。）

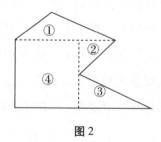

图 2

生 A：将图形分成四个部分进行面积计算。

如图 2，这四个部分正好是我们所熟悉的几何图形，面积比较容易计算，四者的面积和为 7 个单位面积。

师：A 同学采用了分割计算的方法，同学们是否赞同他的看法，或者有其他的见解呢？

生 B：我的方法是先把它看成一个完整的长方形（图 3），然后把多余的部分面积减掉。

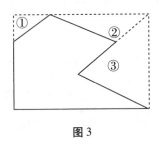

图 3

即 12 – 0、5 – 1、5 – 3 =7 个单位面积。

生 C：我的最简单，用割补的方法将图形填补成一个比较规则的几何图形。不用算一数便可知道是 7 个单位面积。

（当学生讲述之后，教师用动画做了更为生动的补充。）

师：刚才大家采用了许多不同的方法对这个点阵中的多边形进行了面积计算，老师为你们的聪明和智慧感到骄傲。在此同时，你们能否更进一步地来思考这样一个问题，（展示出许多点阵中的多边形）这些图形的面积的大小在点阵中究竟跟哪些因素有关系呢？

生：与点的个数有关系。

师：（进一步追问）哪些点？

生：多边形所包含的点的个数。

（意见得到大家的认同，继续探索。）

师：从整体而言，多边形所包含的点的数目越多自然它的面积就应该越大。那么这些点从它与多边形的位置关系上又有哪些区别呢？

生：有的点在多边形的边上，有的则在里面。

师：大家的观察力看来是非常的敏锐，那么由此，我们将这些点分为两类，即多边形内部的点（个数用 a 表示）、多边形边界上的点（个数用 b 表示）。如果我们用 S 来表示多边形的面积，你们能否找出它与 a 和 b 的关系式呢？

（对于这个问题，学生有所思索，但解决仍有一定难度。）

师：呵呵，写出由两个自变量所构成的关系式看来是有一定的难度。那么我们换一个角度来考虑吧。

例如：在图中的线段上每隔单位距离种一棵树（即在格子点上种树）。两端皆种，问线段有多长？一维的植树问题见图 4 所示。

图 4

师：类比点阵多边形，对线段上的点也进行分类。

生：我们观察到格子点可分成内点 a 和边界点 b 两类。

师：请大家尽可能地找到线段的长度 L 与它们之间的关系。

生：$L = a + 1$，因为线段的长度刚好比内点的个数多一个。

生：$L = a + b - 1$，我把它理解为线段上所有的点的个数和减 1。

生：$L = a + b/2$，此时的 b 正好是一个固定的值恰为 2，所以我把 1 看成 $b/2$。

……

（同学们想出了许多关系式，由老师将它们键入显示屏上进行展示。）

师：我们也可以这样想：如果在相邻两格子之中点加以分割，得到许多小段，那么每一个内点所在的段皆具有单位长度，而每个边界点所在的小段只有 1/2 单位长度。线段长度的计算见图 5 所示。

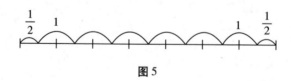

图 5

线段的长度为：$L = b/2 + a$

师：各位同学已经非常出色地完成了实验的第一部分，接下来进行下一部分的实验。我们能否将刚才在线段中所得到的长度公式推广到二维平面的计算当中呢？对于平面上以格子点为顶点的多边形，其面积公式是什么呢？

生：（通过讨论）在上述几个公式中，后两式比较有可能。因此，我们初步猜测多边形的面积 $S = a + b - 1$ 或者 $S = b/2 + a.$

（其中 a 表示多边形内部的点数，b 表示多边形边界上的点数。）

师：我们的猜测是否正确呢？接下来用一些例子对猜测做试验，并将结果填在对应的表格中。（老师对图 6A 进行示范，填表。剩余内容由学生分小组完成。）

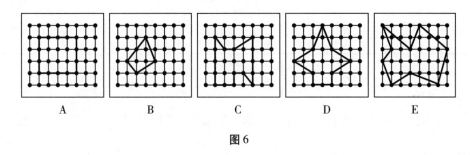

图 6

表 1

	（Ⅰ）a	（Ⅱ）b	（Ⅲ）	（Ⅳ）	（Ⅴ）正确面积
A					
B					
C					
D					
E					

实验者将较为有可能的两个公式填入（Ⅲ）格、（Ⅳ）格中，并对每一个图形分别进行计算。在同学中选取一组代表将该组数据填入表格中完成计算（如下表）。并由其成员解释计算方法和解答过程，其他各组校对答案，在取得一致的同时，老师进一步提问。

师：比较（Ⅲ）与（Ⅴ），（Ⅳ）与（Ⅴ），我们发现两个公式都不对。该如何修正呢？

表 2

	（Ⅰ）a	（Ⅱ）b	（Ⅲ）$a+b-1$	（Ⅳ）$\dfrac{b}{2}+a$	（Ⅴ）正确面积
A	6	14	19	13	12
B	3	5	7	5.5	4.5
C	5	16	20	13	12
D	8	10	17	13	12
E	18	9	26	22.5	21.5

生 A：（Ⅲ）组的数值减去 $\dfrac{b}{2}$ 就是正确面积。即修正为 $a+\dfrac{b}{2}-1$。

生 B：我也可以看成是（Ⅳ）组的数值减去 1 即为（Ⅴ）的值，同样也是 $a+\dfrac{b}{2}-1$。

师：哦，看来大家从两个不同的角度来思考这个问题都得到了一致的答案。那么这种猜测是否正确呢？请大家看大屏幕。

早在 1899 年，奥地利数学家皮克（Georg Pick，1859—1943）便发现了这个计算点阵中多边形面积的公式：$S=\dfrac{b}{2}+a-1$，

其中 a 表示多边形内部的点数，b 表示多边形边界上的点数，S 表示多边形的面积。

早在 100 多年前，就有数学家发现了这个公式，而今天我们也初步猜测出了这一结果，此时的你们有何感想呢？

生 A：只要我们善于在生活中发现问题并进行探索，也能有机会成为数学家。

生 B：我在想怎么能给皮克公式一个完善的证明。

师：如何进行证明？一个很有挑战性的问题，顺着这一想法观察 $S=a+\dfrac{b}{2}-1$。你能否从另一个角度仿照一维植树问题的情形，考虑图 7 的长方形？

生：（将其图形解释展示）

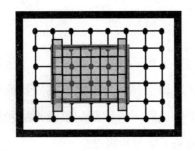

图7

一个内点占一个单位面积即 a 个内点所占面积为 a，而边界点分成两种情况：

（1）在侧边上的点，每一点占 $\frac{1}{2}$ 个单位面积。

（2）四个顶点，一点占 $\frac{1}{4}$ 个单位面积。

因此，如是每一个边界点都看成是占 $\frac{1}{2}$ 个单位面积，即 b 个边界点所占面积为 $\frac{b}{2}$。而整个合起来就多算了一个单位面积，必须扣掉1。

可见，我们的猜测是合理的。

师：（在多媒体上进一步进行形象动画解释）这一方法对简单的点阵中的多边形面积计算有了一个很好的理论解释，那么复杂的图形又该如何处理呢？希望大家能带着这个问题进行一些课后思考和讨论。

师：（小结）本节课我们以一节实验课的形式，对点阵中多边形的面积计算进行了大胆的探索与尝试。从一维线段长度推理转入二维面积计算，通过大家的积极参与、动手实践，初步推测出了一个世纪前数学家经过证明所得到的皮克公式。可见只要大家学会思考，善于从周围的生活中发现问题，并有意识地进行探索分析，结合我们所学习的数学知识一定会摸索出新的、为大家所不知的发现、公式，成为21世纪的"小皮克"。当然我们现在所学的知识还很有限，只有不断地丰富个人的文化素质与修养，大胆实践，才能从"小皮克"逐步成长为"大皮克"。

五、教学反思

本节课很好地将数学基本功训练融入教学当中，使得学生在进行公式猜测的同时不脱离基础计算和逻辑推理，有机地将数学新课标与数学实验结合在一起并得以拓展。再者为学生提供了一种新的思维方法和解决手段及途径，通过小组竞赛的形式极大地调动了学习积极性。

不足之处：①从一维线段到二维面积计算切入过于突然，比较难于接受。采用从规则图形到不规则图形的过渡或许更为自然。固定自变量 a 来讨论 S 的关系。

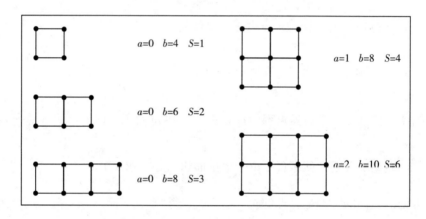

图 8

初步猜测为 $S = \dfrac{b}{2} - 1$ 进一步推测为 $S = a + \dfrac{b}{2} - 1$

（1）由于时间关系学生自主探究的时间不够充分，若能根据需要延长课时相信此节课的讨论会更热烈和深入。

（2）作为教师，在此节课中"导"的过程还没有完全体现出来，"演"的过多，虽然课堂气氛比较活跃，但仍要以学生为探究的主体。

八年级上册第一章《从勾股定理谈起》教学实录[①]

一、文化背景及教学内容介绍

本课例为北师大版义务教育教材初中数学八年级上册第一章《勾股定理》习题拓展课。众所周知，勾股定理的证明有着悠久的历史，它的证明者界域之广、证明方法之多、思想方法之丰为世人所惊叹。

该课例以介绍古今中外四位著名的数学家（毕达哥拉斯、赵爽、刘徽、达·芬奇）关于勾股定理证明方法及相关数学史料为背景，给学生们展现多种数学思想方法，在几何模型的延伸应用方面进行了充分的探讨归纳。无论是加强学生对数学文化知识的了解，还是在实际操作中数学模型思想的教学渗透都是多有裨益的，尽最大可能对学生的核心素养培养给予关注。

二、学情预设及教学目标解析

八年级学生已经完成《勾股定理》和《实数》两个章节的学习，初步掌握"等积法"的勾股定理证明和无理数的基本运算，具备本节课课堂探讨的知识储备能力及一定的观察、归纳、探索和推理能力。同时，勾股定理的其他证明方法在情感上对学生具有较强的吸引力，学生有意愿进行主动探索。

通过课例学习，让学生了解几位历史名人对勾股定理的发现过程，掌握多种数学思想方法和几何模型建构，培养在实际生活中发现问题、总结规律的意识和能力；学生通过课题学习的方式，利用查阅书籍、网络资料来丰富和拓展

---

① 该课例于 2017 年 1 月获教育部 2015—2016 年度"一师一优课、一课一名师"优课奖。

对勾股定理的历史背景、文化背景的了解与积累，一方面拓宽学习手段，提升学习素养，另一方面传承传统数学文化，建立文化自信。

三、教学过程展示及意图说明（2个课时）

导语：八年级上册第一章我们曾利用等积法证明了勾股定理，关于勾股定理证明的探索从未停止过，据不完全统计，到目前有 400 余种证明方法，今天我们将介绍三位数学家的证明方法，他们的证明将给我们怎样的启示呢？让我们从勾股定理谈起。

经典证明 1　人物介绍·毕达哥拉斯——模型赏析·毕达哥拉斯树

图1

（展示毕达哥拉斯简介及迭代变化的毕达哥拉斯树）

问1：如此奇妙的毕达哥拉斯树是如何演变出来的呢？

生1：由多个正方形拼成的。

问2：这些正方形之间的边长有怎样的关系？

生2：相邻的三个正方形的边组成了一个直角三角形。

问3：可否理解为以一个直角三角形的三边为边长向外作了三个正方形？

生3：可以，这个图在课本的勾股定理网格证明中曾出现过，毕达哥拉斯树是由最下面一级的勾股图一层一层地生长出来的。

师：很好。从一级勾股图出发，通过迭代可得到枝繁叶茂、栩栩如生的毕达哥拉斯树（勾股树）。

图2

（展示迭代级数不变而动态变化的毕达哥拉斯树，学生惊叹）

问4：它美吗？是什么造成了它的变化？

生：很美，很神奇，像幻彩，它的枝干在动，像在跟我们挥手。因为直角三角形的直角边长度的改变。

师：观察力很强。通过改变第一代勾股定理图中直角三角形三边的比例，或者在繁衍过程中适当改变两直角边的方向，可以得到动态的毕达哥拉斯树，近年来的中考习题对此类问题有所涉及。

设计意图：从介绍古希腊数学家毕达哥拉斯的简要事迹入手，通过几何动画演示勾股树的奇妙变化，让学生感受数学的无穷魅力，惊叹数学的几何之美。吸引学生眼球的同时，让学生受到数学文化的熏陶.

例题赏析1：

如图3所示，是一株美丽的勾股树，其中所有的四边形都是正方形，所有的三角形都是直角三角形. 若最大正方形 M 的边长是3，则正方形 A、B、C、D、E、F 的面积之和是_____.

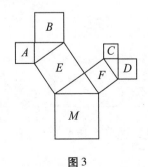

图3

（结合图形读题作答）

生1：M 的面积。

生2：不对，我认为是两个 M 的面积。

师：哦？能给出你的理由吗？

生2：因为 $S_A + S_B = S_E$，$S_C + S_D = S_F$，$S_E = S_F = S_M$，

所以 $S_A + S_B + S_C + S_D + S_E + S_F = 2（S_E + S_F）= 2S_M$，刚才那位同学少累积了一次，所以答案应该是18。

师（对生1）：你认为呢？

生1：我只求了 A、B、C、D 的面积和，漏了 E、F 的面积，不过我发现每级正方形的面积和都是相等的。

师：有点意思，确实如此，每级正方形的面积和均等于 S_M。该图完成了2次迭代，正方形的面积和为最大正方形面积的2倍。如果有3次迭代，那么除最大正方形以外所有正方形的面积和是多少呢？

生齐：3个 M 的面积。

师：太棒了，看来大家已经发现了其中的奥秘，课后请试着总结一下 n 次迭代后的面积规律。

教学反思：该题恰为勾股树的第一、二代直角三角形的组合图形，题目较为容易，需要学生掌握直角三角形三边构成的正方形之间的面积关系及迭代后的面积关系。

努力尝试：

在直线 l 上依次摆放着七个正方形。已知斜放置的三个正方形的面积分别是1、2、3，正放置的四个正方形的面积依次是 S_1、S_2、S_3、S_4，则 $S_1 + S_2 + S_3 + S_4 =$ _____.

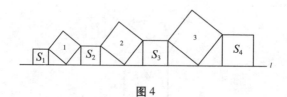

图4

生1：我猜面积为6。

师：哪来的灵感？

生1：勾股树的面积叠加。

师：直角三角形在哪里？是否有完整的勾股树？没有怎么办？

生1：每个直角三角形周边有两个正方形，不是完整的勾股树，可以考虑补全。

师：动手试试看。

生1展演：

模型建构：如图5，直线l上有三个正方形a，b，c，探讨它们的面积关系。

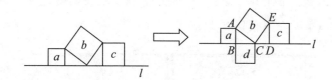

图5

师：大家观察图形，你发现了什么？

生2：根据勾股定理的几何意义，b的面积$＝a$的面积$＋d$的面积。

师：那正方形c和正方形d有什么关系呢？

生3：我猜它们相等。

师：大胆猜测，小心求证。

生3：它们的边分别在$\triangle ABC$和$\triangle CDE$中，如果两个三角形全等，问题就可以解决。

师：比比画画，找找条件。

生4：通过一线三等角可得$\triangle ABC\cong\triangle CDE$，因此$BC＝DE$，$c$的面积$＝d$的面积，所以$b$的面积$＝a$的面积$＋c$的面积。（掌声）

师："一线三等角"这个模型在几何综合题中的出镜率很高，大家要多加关注。下面，回归原图，该题的答案是？

生齐：4。

设计意图：经过两道例题赏析，学生的勾股树模型基本建立，"努力尝试"

这一环节需要进行独立思考，残缺的"勾股树"需要在几何直观的经验积累下，主动进行"勾股树"的构建、补充，这是对教学成效的一次考验。

师：把勾股树基本图形放在一个长方形中又会有怎样的情境呢？请大家课后思考下题。

设计意图：课后训练提升，题干本身就是一则数学史的介绍，从古希腊数学家回归古代中国数学家，感受古代数学史发展的异曲同工，同时增强民族自豪感。学生经历"人物介绍"—"经典图形"—"例题赏析"—"努力尝试"—"课后思考"的教学过程，从对数学史的了解、数学思想方法的感悟，最终到数学素养的提升。

经典证明2　人物介绍·赵爽——模型赏析·赵爽弦图

（展示赵爽个人介绍和赵爽弦图）

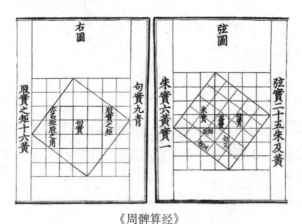

《周髀算经》

图6

师：这又是一个由勾股定理证明衍生出的几何模型，该模型中所体现的四个全等直角三角形和两个正方体之间的面积数量关系是数学家们热衷研究的对象。

动手操作：（河北）如图7所示，甲、乙两张不同的矩形纸片，将它们分别沿着虚线剪开后，各自要拼一个与原来面积相等的正方形，则（　　　）

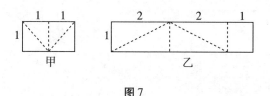

图 7

A. 甲、乙都可以　　　　　　　B. 甲、乙都不可以

C. 甲不可以，乙可以　　　　　D. 甲可以，乙不可以

（学生动手操作展示，通过生生协作，拼图结果如下，选 A）

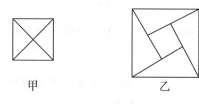

图 8

师：大家在拼这些图形的时候有什么诀窍吗？

生 1：面积不变，通过面积计算正方形的边长，在原图中找到满足条件的边，采用合理的方式拼接即可。

师：等积法的应用，数形结合的体现，很赞哟。其实图 7 乙的拼接得到的便是著名的"赵爽弦图"。

教学反思：建立新的几何模型，从学生动手操作开始，使学生亲身体验构图的过程，为后面的"赵爽弦图"的引入作铺垫。

例题赏析 2　（2015·遵义）我国汉代数学家赵爽为了证明勾股定理，创制了一幅"弦图"，后人称其为"赵爽弦图"［如图 9（1）、9（2）］. 由弦图变化得到，它是由八个全等的直角三角形拼接而成，记图中正方形 $ABCD$、正方形 $EFGH$、正方形 $MNKT$ 的面积分别为 S_1、S_2、S_3. 若正方形 $EFGH$ 的边长为 2，则 $S_1 + S_2 + S_3 = $ _____.（学生阅读，解决问题遇到障碍，不能明确条件转化后的面积数量关系）

（1）

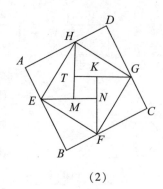

（2）

图9

师：请关注该题的关键条件——8 个全等的直角三角形、3 个正方形、中间正方形的边长为 2，你该如何考虑？

生 1：由条件易知 $S_2 = 4$，我觉得可以从 3 个正方形之间的面积关系入手，而且这里还有赵爽弦图，或许有线索。

师：有道理，来看看弦图中有哪些量，量与量之间又有怎样的联系呢？

生 2：有直角三角形，斜边恰好为中间正方形的边长。

生 3：两直角边的差恰为小正方形的边长。

师：如何用式子来体现这些关系呢？

生 4：设直角三角形的两直角边为 x，y，则 $S_2 = x^2 + y^2 = 2^2$，

$S_1 = (x - y)^2 = 4 - 2xy$，

师：那 S_3 如何表示？

生 4：$S_3 = S_2 + 2xy = 4 + 2xy$，我知道了，$S_1 + S_2 + S_3 = 12$.

师：其实，通过整体观察图形也可找到三者之间的等差数量关系，$S_3 - S_2 = S_2 - S_1 = 4S_{Rt\triangle}$，所以 $S_1 + S_2 + S_3 = 2S_2$.

生：数形结合真有意思，真没想到可以这样简洁。

教学反思：此题主要考查了勾股定理的应用，用到的知识点是勾股定理和正方形、全等三角形的性质。对"弦图"的变式让人耳目一新，完全平方公式的介入更是对"数形结合"思想的完美诠释。

经典证明3　人物介绍·刘徽——模型赏析·青朱出入图

（《九章算术注》出入相补原理）

（展示刘徽个人介绍和青朱出入图）

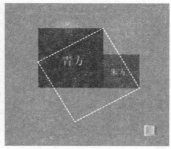

图 10

设计意图：动手制作、动画演示、人物介绍多个维度的引导与感知，使学生在图形的变化中，深刻体会等积变换。这是通过图形面积的割补完成的"动态"证明，好学易懂。它基于"平面图形作为一个刚性体在运动时面积不发生变化"这样一个假设，与"出入相补原理"合璧，构建起中国古代几何简洁而完备的理论体系。

生1：都是古代数学文化的精粹。

生2：都用了等积法。

生3：都显示了数形结合思想。

师：同学们都说得非常好。这些感悟对于解决下面这道习题是否能提供思路呢？

努力尝试：（2013 北京）阅读下面材料：

小明遇到这样一个问题：如图 11（a），在边长为 a（$a > 2$）的正方形 $ABCD$ 各边上分别截取 $AE = BF = CG = DH = 1$，当 $\angle AFQ = \angle BGM = \angle CHN = \angle DEP = 45°$ 时，求正方形 $MNPQ$ 的面积.

小明发现：分别延长 QE，MF，NG，PH，交 FA，GB，HC，ED 的延长线于点 R，S，T，W，可得 $\triangle RQF$，$\triangle SMG$，$\triangle TNH$，$\triangle WPE$ 是四个全等的等腰直角三角形，如图 11（b）.

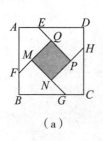 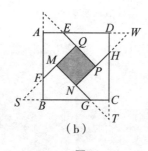 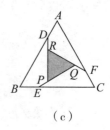

(a)　　　　　　　　(b)　　　　　　　　(c)

图 11

请回答：

（1）若将上述四个等腰直角三角形拼成一个新的正方形（无缝隙，不重叠），则这个新的正方形的边长为＿＿＿＿；

（2）求正方形 $MNPQ$ 的面积.

参考小明思考问题的方法，解决问题：

（3）如图 11（c），在等边 $\triangle ABC$ 各边上分别截取 $AD = BE = CF$，再分别过点 D、E、F 作 BC、AC、AB 的垂线，得到等边 $\triangle RPQ$，若 $S_{\triangle RPQ} = \dfrac{\sqrt{3}}{3}$，则 AD 的长为＿＿＿＿.

［师展示问题（1）的动画过程］

生 1：延伸出来的四个直角三角形均为等腰直角三角形且全等，那么 $AE = DW$，所以 $EW = AD = a$.

师：新的正方形的边长与原正方形的边长一致，那么……

生 2：由青朱出入的等积原理，可得正方形 $MNPQ$ 的面积就是 $4S_{\triangle ARE} = 2$.

师：由此及彼，请大家动手尝试问题（3）.

生 3：作如图 12 所示的辅助线，很快得出结论 $S_{\triangle RPQ} = \dfrac{\sqrt{3}}{2} = 3S_{\triangle AMD}$.

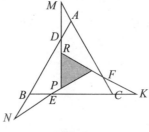

图 12

师：大家掌握得不错，而后可借助三角形的知识计算 AD 的长。

教学反思：在众多证明方法中理出一个提纲挈领的统一思路（不变性）对学生看清数学研究的一般方法、理性思维的提升是极其需要的。在教学中渗透"不变性"的做法，立足于具体问题的解决，着眼于对数学的本质理解，谋求的是学生的长期利益和数学学科的育人价值。

四、课堂小结

（PPT 展示）通过这节课的学习，你都学到了些什么？让你感触最深的是什么？你还想知道有关勾股定理的其他的证法吗？

生 1：了解了许多大家对勾股定理的证明方法。

生 2：古代人类智慧真让我们惊叹。

生 3：掌握了几种数学基本模型。

生 4：数形结合法、等积法的妙用。

生 5：非常有意义，我想上网查查还有没有其他有意思的证明。

生 6：中考题其实也不难，我也能做，哈哈。

师：总结得不错，这节课我们一起了解了勾股定理在世界数学史中的发展情况，感受了古人智慧及数学文化的魅力，这其实也是一种数学文化价值的体现。在经历了多个活动探索后，初步掌握数形结合思想以及由特殊到一般的探究问题的方法，我们的几何直观、推理能力、建模应用得到了提升，既丰富了数学视角，又夯实了数学基础知识。我们无不惊叹数学的逻辑之美！

五、课后作业

查阅还有哪些勾股定理的证明方法。

你能不能自己也去画一画、拼一拼，设计一种方案去验证勾股定理？

设计意图：鼓励学生课后探索，通过查阅资料、动手操作、逻辑验证、撰写论文等方式进行拓展学习，激发数学学习兴趣，提升学生的综合素养和应用意识。

八年级上册第四章《一次函数图像
应用——柳卡趣题》①

一、教材分析

函数是研究现实世界变化规律的一个重要模型，它一直是初中阶段数学学习的一个重要内容。北师大版数学教材《一次函数》的内容设计充分体现了"问题情境—建立数学模型—解释、应用与拓展"的模式，使学生了解一次函数的有关性质和研究方法，初步形成利用函数的观点认识现实世界的意识和能力。本节课是以"一次函数图像应用"为教学知识基础的拓展课，它引入了历史上较为有名的"柳卡趣题"进行讨论研究，一方面致力于学生数形结合、数学建模、几何直观等核心素养的培养，另一方面以数学文化为背景，拓宽学生知识视野的同时，鼓励学生阅读、了解、尝试、挑战数学名题，在经历适当的数学研究活动后，感受人类的数学智慧，发展他们的数学创造才能。

二、学情分析

在经历了《一次函数》前四节的学习之后，学生已经初步学习和掌握一次函数的基本性质。传统的函数教学，相对强调"数"的特征，而弱化了其图像"形"的特征，学生识图、用图的能力较弱，数形结合的意识不强。本节内容设计了多个活动，让学生通过图像获取信息，通过信息建立模型，特别关注利用一次函数图像来解决实际问题，发展应用意识；经历函数图像的信息的识别与应用过程，发展几何直观。

---

① 该课例参加 2020 年 11 月江西省教研室送教下乡活动。

三、教学目的

知识目标：函数的学习循序渐进、螺旋上升，从"柳卡趣题"探究入手，进一步学习一次函数图像的应用拓广。历史上"柳卡趣题"的解决方法各色各样，而唯独图像法简单、直观，一"图"中的，作为课例延伸内容恰到好处。

能力目标："数"与"形"是一切数学对象不可分割的两个方面，本节内容的探究便是应用一次函数图像的很好实例。一方面，需要发展提升学生对图像的理解水平和解决过程中的表述水平；另一方面，加强图像识别与应用方面的训练，发展学生的几何直观、数学结合能力，避免"代数化"倾向。鼓励学生从数、形多方面认识函数，促进学生新的认识结构的建构和数学应用意识的发展。

情感要求：充分挖掘生活实际素材，特别是能引起学生探索兴趣的数学名题，加强数学与现实的联系，让学生体会数学的广泛应用。增加数学学习的文化背景，丰富数学问题的情感要素，使学生充分感受历史名题的灵魂，仿佛在跨越时空与历史对话，结论的得出更能引起不同时代求知者的共鸣。

四、教学过程

活动一：画"出行方案"

某老师从九江出发到丰城参加教研活动，出行前她利用手机查询软件规划了两条线路：

方案一：早上 6：30—7：30 从九江乘坐动车至南昌，到达南昌火车站后转乘汽车花去约 1 小时，再乘坐汽车 1 小时到丰城。

方案二：早上 6：30 从九江出发上高速，自驾 3 小时到丰城。不包含在南昌服务区休息半小时。

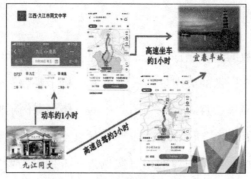

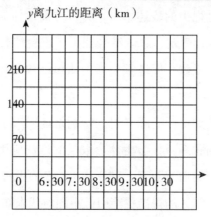

图 1

九江距离南昌约 140 千米，南昌距离丰城约 70 千米，南昌位于九江和丰城之间，且三地可近似地看在一条线上。如果把这些交通工具均看作匀速行驶，你能分别画出两种方案中该老师离九江的距离 y（km）与出发时间 x（时）之间的函数图像吗？

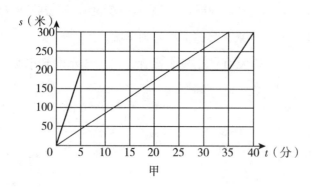

甲

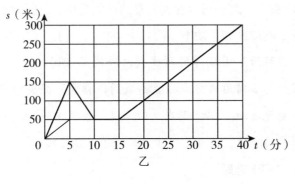

图2

问题设计：

（1）该函数是什么函数？它的图像是什么？（一次函数，直线）

（2）如何画一次函数图像？（两点确定一条直线，确定两个特殊点的坐标即可）

（3）该题的自变量有取值范围吗？那它的图像还是直线吗？（线段）

（4）描述图中特殊点的实际意义。

设计意图：以老师的生活情境出发，设计该活动，体现生活中数学知识的应用，鼓励学生尝试用数学的语言来描述现实世界，利用数学知识来解决实际生活问题。主要考查知识点包括，通过建模将实际问题抽象成几何模型，并利用一次函数的图像知识将它直观地表现出来，感知函数的取值范围与图像之间的关系，训练一次函数的画图能力，为后续教学"活动三"作知识引导铺垫。

活动二：讲"龟兔赛跑"

观察图2中甲、乙两图，解答下列问题：

（1）填空：两图中的哪幅图比较符合传统寓言故事《龟兔赛跑》中所描述的情节？

（2）请你根据另一幅图表，充分发挥你的想象，自编一则新的"龟兔赛跑"的寓言故事，要求如下：图表中能确定的数值，在故事叙述中不得少于3个，且要分别涉及时间、路程和速度这三个量。

预设结果：

问题1. 图甲符合传统寓言故事《龟兔赛跑》中所描述的情节。

问题2. 在图乙中，跑在前面的兔子看到乌龟受伤了，折返回去，帮助乌龟处理伤口，在兔子的鼓励和帮助下，两只小动物一起到达了终点。

设计意图： 在经历了由实际问题建模画一次函数图像这一学习过程之后，活动二主要学习考察如何用语言来描述函数图像信息，提高学生的数学表述水平。传统故事"龟兔赛跑"中"朋友互助"这一情境的设计也充分体现了对学生情感价值观引导的渗透，这也是对传统文化的社会延续。

活动三：探"柳卡趣题"

故事引入： 在19世纪的一次国际数学会议期间，有一天，正当来自世界各国的许多著名数学家晨宴快要结束的时候，法国数学家柳卡向在场的数学家提出了困扰他很久、自认"最困难"的题目。

柳卡问题： 某轮船公司每天中午都有一艘轮船从哈佛开往纽约，并且每天的同一时刻也有一艘轮船从纽约开往哈佛。轮船在途中所花的时间来去都是七昼夜，而且都是匀速航行在同一条航线上。问今天中午从哈佛开出的轮船，在开往纽约的航行过程中，将会遇到几艘同一公司的轮船从对面开来？

问题提出后，果然一时难住了与会的数学家们。尽管为此问题大家进行过广泛的探讨与激烈的争论，但直到会议结束竟还没有人真正解决这个问题。这个有趣的数学问题，被数学界称为"柳卡趣题"。

问题设计：

（1）你愿意试一试这个"世界难题"吗？

（2）相遇问题一般如何解决？

（3）在一次函数图像中如何体现相遇？

（4）你会画出这次轮船的函数图像吗？如何建立平面直角坐标系呢？

（5）学生尝试画图，教师观察反馈，师生共同探讨。

设计意图： 以"数学名题"为历史背景，了解数学文化，感受名家生活的同时，浸入式探究"柳卡问题"。该题的实质为多个物体之间的相遇问题，历史上其实有很多解法，"图像法"相对更简洁、直观，利用问题串的形式引导学生由传统"代数法"逐步转向"几何法"，从而达到思考角度、思维方式及解法思想的转变。

实践操作问题预设：

（1）自变量和因变量的选取（多个因变量与自变量之间的关系，即需要在同一平面直角坐标系中画出多个函数与同一自变量之间的图像）。

（2）平面直角坐标系的建立，特别是单位刻度的设计（根据实际情况考量单位刻度，显然以轮船开出的间隔时间——"一天"为宜）。

（3）明确相对关系，即确定以到某地的距离为因变量（相对运动，比如：可选取"轮船离哈佛港的距离"为函数，实践探讨中亦可选取"轮船离纽约港的距离"为函数，不影响问题的探索）。

（4）画函数图像（通过起点、终点信息描点画图，对学生而言，有一定的模仿性，比较简单。但操作中，学生容易忽视从出发前就已经在路上的轮船情况，如图3所示，从而导致错误答案）。

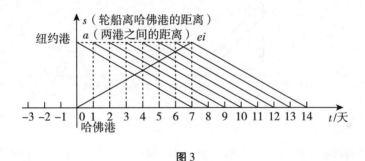

图3

（5）师生共同探讨从而得出以下完整图形，通过找一次函数图像交点的方式来确定相遇的轮船数量。

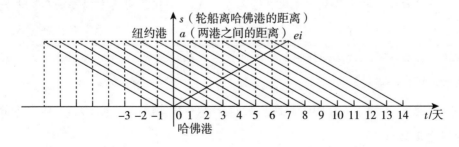

图4

活动四：试"邮车问题"

问题再探：某路电车，由 A 站开往 B 站，每 5 分钟发一辆车，全程为 20 分钟。有一人骑车从 B 站到 A 站，在他出发时恰有一辆电车进站，当他到达 A 站又恰有一辆电车出站。

问题 1. 如果骑车人由 B 站到 A 站共用 50 分钟时间，则他一共遇到多少辆迎面开来的电车？

实践操作问题预设：

（1）联系"柳卡趣题"中相遇问题的解决方式，在同一直角坐标系中画出两事物匀速运动的函数图像，若相交则为相遇。由于每辆相关车辆到 B 站的距离 s 是行车时间 t 的一次函数，仿照上题在同一直角坐标系中画出不同车辆与时间之间的函数关系图像，而骑车人的函数图像与电车函数图像（若干辆电车）的交点个数即为相遇车辆的数目。

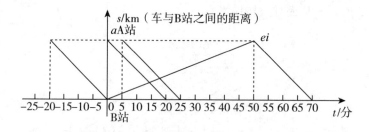

图 5

（2）同样的问题，可以简化画图步骤，利用图像确定第一次相遇与最后一次相遇的时间点，便可通过数学计算的方法得出相遇次数。如下图所示，计算可得相遇（$50-0$）$\div 5+1=11$（辆）。

设计意图：再次从数学文化背景入手，无独有偶，同类型问题的研究与匈牙利的"运行图"不尽相同，由此可见，无论身处何处，数学学科的研究都是相通的、共享的。该活动问题 1 的设计旨在"原题重现"，由学生独立完成，反馈前期学习的成效。

问题 2. 若骑车人在中途共遇到对面开来的 10 辆电车，则他出发后多少分钟到达 A 站？

问题 3. 若骑车人同某辆电车同时出发由 A 站返回 B 站，骑车人用 40 分钟到达 B 站时又恰有一辆电车进站，问在中途有多少辆电车超过他。

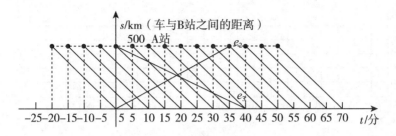

图6

实践操作问题预设：

（1）问题设计再次变得巧妙，设计角度亦发生改变，从问题1的已知行驶时间由相遇车辆数目转变为问题2的已知相遇数目求行驶时间，对学生解决问题的能力考察进一步提升，只有当学生切实理解题目要义，掌握数形结合思维方法，才能快速答题，从而避免了简单的模仿操作而导致的模糊学习、无效学习。

（2）问题3将相遇问题转化为追及问题，在老师的引导下，学生能较快理解题目考查角度，再次利用图像法解决更是直观便捷。

设计意图：问题2、问题3的设计，充分体现了该问题的递进与联系，多维度、多角度的设问充分考查了学生对该问题的解决能力。有效的数学学习过程不能单纯地依赖模仿与记忆，更需要引导学生主动地从事观察、操作、交流、归纳等探索活动，从而形成对数学知识的理解和有效学习模式。

活动五：觅"中考习题"

（2015 江西）甲、乙两人在100米直道AB上练习匀速往返跑，若甲、乙分别在A，B两端同时出发，分别到另一端点掉头，掉头时间不计，速度分别为5 m/s和4 m/s.

（1）在坐标系中，虚线表示乙离A端的距离 s（单位：m）与运动时间 t（单位：s）之间的函数图像（$0 \leqslant t \leqslant 200$），请在同一坐标系中用实线画出甲离A端的距离 s 与运动时间 t 之间的函数图像（$0 \leqslant t \leqslant 200$）.

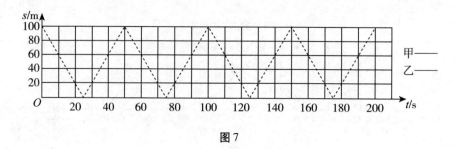

图7

（2）根据（1）中所画图像，完成下列表格：

表1

两人相遇次数（单位：次）	1	2	3	4	…	n
两人所跑路之和 （单位：m）	100	300			…	

（3）①直接写出甲、乙两人分别在第一个100m内，s 与 t 的函数解析式，并指出自变量 t 的取值范围；

②求甲、乙第6次相遇时 t 的值.

设计意图：在中考题中觅得"柳卡趣题"的身影，进一步深化了解相关问题的拓展。学生兴趣正浓，数学学习真的十分奇妙。

五、课堂总结

通过这节课的学习，你用到了哪些数学知识，掌握了什么数学方法？

（1）知识方面：通过一次函数的图像获取相关的信息，根据已知条件绘制一次函数图像。

（2）数学思维：数形结合思想，利用函数图像解决简单的实际问题。

（3）数学能力：增强识图能力、建模能力、应用能力。

著名数学家华罗庚——数与形本相依，焉能分作两边飞？

数形结合百般好，隔离分家万事休。

几何代数统一体，永远联系莫分离！

设计意图：从知识、能力、思维三个维度引导学生归纳总结本节课的主要内容，培养学生的语言表述能力和归纳总结能力。以著名数学家华罗庚的《数与形本相依》的打油诗作为结束语，揭示数形结合思想优势的同时，更是让数学的语言文化渗透无声。

六、教学反思

1. 将数学文化融入课堂，增加数学课堂的文化品位，是提升数学教学品质，从而实现数学教育三维目标全面达成的一条重要途径。通过大量的阅读及资料查找，本课例收集了许多素材，巧妙地将生活情境（出行方式选择）、寓言故事（龟兔赛跑）、世界名题（柳卡趣题）、小说情节（行程图）、中考试题（相遇画图）、名家诗句（华罗庚《数与形》）6 个内容穿插在一起，进行融合教学。学生的数学学习内容应当是现实的、有意义的、富有挑战性的，从这个角度讲，数学应用教学是数学学科与数学文化的切入点。四个活动的设计由易及难，层层进阶，恰到好处地展示了函数图像这一知识点本身的内涵以及它的应用价值。数学文化的显性学习体现在数学知识的产生背景、数学的语言和问题、数学家、数学史以及数学在日常生活和其他科学中的应用等；而隐性学习则蕴含于数学知识的形成、发展和应用过程之中的那些意识形态和精神领域的因素，如数学的思想、方法、观念、意识、态度、精神和数学美等。挖掘生活素材、体现应用价值、设计兴趣活动将成为数学文化课设计的有效途径。

2. 数形结合思想对于培养和发展学生的几何直观和建模思想有很大的启发作用，利用数形结合思想进行解题可以使有些复杂问题简单化，抽象问题具体化。它兼有数的严谨性与形的直观性两大优势，是优化解题过程的一种重要途径，在本课例一次函数题型中利用"数形结合思想"解决问题能起到事半功倍的效果。该教学设计从"形辅数"入手，让学生充分感受此类数学思想的优势和特色，而后通过问题设计又过渡为"数辅形"，在经历数学活动探究的过程中，感知两者之间相辅相成的关系，只有合理利用方能达到数学学习的决策优化！

八年级下册第三章第 1 节《图形的
平移与旋转 2》[①]

一、教学内容及分析

本课时主要研究沿坐标轴方向平移后的图形与原图形对应点坐标之间的关系。主要分为三个部分：在具体背景中研究图形变化引起坐标变化的规律；在具体背景中研究坐标变化引起图形变化的规律；总结概括一般规律。教材设计以"鱼"作为研究对象，结合列表的方式，使学生清晰地发现并探索坐标变化与图形平移变换之间的实质联系和规律。

二、教学目标及分析

1. 经历探索"沿坐标轴方向平移后的图形与原图形对应点坐标之间的关系"的过程，通过"变化的鱼"探究横向（或纵向）平移一次，其坐标变化的规律，认识图形变换与坐标之间的内在联系。

2. 经历观察、操作、猜想、验证、类比的过程，进一步积累数学活动经验，增强动手实践能力，发展空间观念。

3. 通过有趣的图形平移研究活动，激发好奇心和求知欲，树立学好数学的自信心，养成独立思考、合作交流等学习习惯。

---

① 该课例 2020 年 3 月入选江西省赣教云线上课程，该课件制作于 2020 年 12 月获首届京师杯全国中小学教师数字化教学能力展示活动全国二等奖、江西赛区一等奖。

三、教学起点及分析

1. 学生知识技能基础

"图形的平移"是北师大版数学八年级下册第三章"图形的平移与旋转"的第 1 节，它对图形变换的学习具有承上启下的作用。本课时在前面学习掌握平移概念和基本性质的基础上，进一步研究在平面直角坐标系中，图形的平移变化与坐标变化之间的内在联系。抓住平移的基本要素——平移方向、平移距离，结合平面直角坐标系背景，进行图形变换的量化处理，探索规律是本节内容的重点。

2. 学生活动经验基础

在探索过程中，需要学生熟练运用列表、描点、连线的手段来进行规律探索，准确获取图形变换、坐标变化信息，借助前后类比进行学习，提出大胆猜想推出相关结论，并运用合情推理的方式进行猜想验证。这些活动经验的积累成为本节内容的难点。

四、教学过程设计

第一环节：知识回顾

（1）你还记得什么叫平移吗？

平移：在平面内，将一个图形沿某个方向移动一定的距离，这样的图形运动称为平移。

（2）平移的性质是什么？

平移的性质：平移不改变图形的形状、大小，只改变图形的位置；平移前后图形对应点所连的线段平行（或在一条直线上）且相等；对应线段平行（或在一条直线上）且相等，对应角相等.

设计意图：通过回顾上节课重要知识点——平移的概念和平移的性质，为本节课在平面直角坐标系内的进一步探索强化知识要点。

第二环节：新课讲解

活动探究一：探索图形变化（平移）引起的坐标变化规律

73

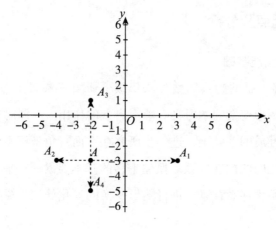

图 1

根据图 1 回答问题：

(1) 将点 A (-2，-3) 向右平移 5 个单位长度，得到点 A_1 (___，___)；

(2) 将点 A (-2，-3) 向左平移 2 个单位长度，得到点 A_2 (___，___)；

(3) 将点 A (-2，-3) 向上平移 4 个单位长度，得到点 A_3 (___，___)；

(4) 将点 A (-2，-3) 向下平移 2 个单位长度，得到点 A_4 (___，___).

设计意图：从点的平移入手，通过经历先移动点再写点坐标的学习过程，让学生感受单一点的平移变化带来的坐标变化规律，为后续图形"鱼"的平移变化积累活动经验。

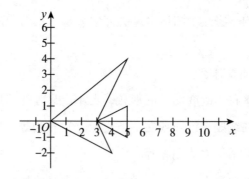

图 2

图 2 中的"鱼"是将坐标为 $(0,0)$，$(5,4)$，$(3,0)$，$(5,1)$，$(5,-1)$，$(3,0)$，$(4,-2)$，$(0,0)$ 的点线段依次连接而成的，将这条"鱼"

向右平移 5 个单位长度.

操作：

（1）画出平移后的新"鱼".

（2）在图中尽量多选取几组对应点，并将它们的坐标填入下表：

表 1

原来的"鱼"	（　，　）	（　，　）	（　，　）	…
向右平移 5 个单位长度后的新"鱼"	（　，　）	（　，　）	（　，　）	…

设计意图：由点的平移变换跨度为"鱼"的平移变换。引导学生先确定图形中的关键点，通过关键点的平移，再进行连线画出平移后的新"鱼"。紧接下来，将每组平移前后的对应点填入表格进行规律探索. 学生通过描点、绘图、收集数据的过程，体会图形平移与点的坐标变化的关系，并进一步体会平移的概念和性质。

猜想：你发现对应点的坐标之间有什么关系？

$$(x，y) \rightarrow (x+\sqrt{5}，y)$$

设计意图：这是一个合情推理的环节，学生通过直观感觉，对结论提出自己的猜想。

验证：如果将原来的"鱼"向左平移 2 个单位长度呢？对应点的坐标之间有什么关系？请先想一想，再动手做一做。

$$(x，y) \rightarrow (x-2，y)$$

设计意图：通过合情推理进行猜想验证，此处主要是实验验证。

类比学习：如果将原来的"鱼"向上平移 3 个单位长度，那么平移前后的两条"鱼"中，对应点的坐标之间有什么关系？如果将图中的"鱼"向下平移 1 个单位长度呢？

学生发现"鱼"向上平移 3 个单位长度，平移后的点与平移前的对应点相比，横坐标没变，纵坐标分别增加了 3，即 $(x，y) \rightarrow (x，y+3)$；如果将图中的"鱼"向下平移 1 个单位长度，那么平移后的点与平移前的对应点相比，横坐标没变，纵坐标分别减少了 1，即 $(x, y) \rightarrow (x, y-1)$.

设计意图：通过左右平移，类比学习上下平移的情形，多数学生可以猜测出相关结论。类比学习是学生获得知识的一种重要方法，这个过程实际上是学生对所研究问题的方法进行反思和再认识的过程，有助于学生积累探索经验，并将已获得的经验、方法迁移到新的研究中去。

归纳小结：

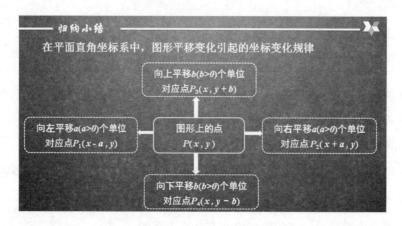

图 3

设计意图：引导学生及时总结前面具体问题得到的结论，梳理得到结论的过程。本节课教学上设计采用思维导图和用字母表示的方法展现图形平移变化引起的坐标变化规律。

随堂练习：

1. 将点 A $(3, 2)$ 向上平移 2 个单位长度，得到 A_1，则 A_1 的坐标为____.

将点 A $(3, 2)$ 向下平移 3 个单位长度，得到 A_2，则 A_2 的坐标为_____.

将点 A $(3, 2)$ 向左平移 4 个单位长度，得到 A_3，则 A_3 的坐标为_____.

2. 将点 P $(m+1, n-2)$ 向上平移 3 个单位长度，得到点 Q $(2, 1-n)$，则点 A (m, n) 坐标为_____.

3. 如图 4，$\triangle OAB$ 的顶点 A，B 的坐标分别为 A $(1, 3)$，B $(4, 0)$，把 $\triangle OAB$ 沿 x 轴向右平移得 $\triangle CDE$. 如果 $CB = 1$：

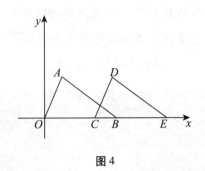

图4

① 点 D 的坐标为_____;

② 求线段 OA 在平移过程中扫过的面积.

设计意图：分层梯度练习，先后考查点平移的坐标变化规律，含字母的变化前后的对应点坐标倒推以及平移的相关性质。

活动探究二：探索图形变化（平移）引起的坐标变化规律

既然图形在坐标系中沿 x 轴、y 轴方向平移会引起对应的坐标变化，那么坐标的变化会对原图形有怎样的影响呢？

（1）将图中"鱼"的每个顶点的纵坐标保持不变，横坐标分别加 3，再将得到的点用线段依次连接起来，从而画出一条新"鱼"，这条新"鱼"与原来的"鱼"相比有什么变化？

如果纵坐标保持不变，横坐标分别减 2 呢？

（2）图中"鱼"的每个顶点的横坐标保持不变，纵坐标分别加 3，所得到的新"鱼"与原来的"鱼"相比有什么变化？如果横坐标保持不变，纵坐标分别减 2 呢？

类比学习：

学生探究结果：新图形与原图形相比，形状、大小相同，只是位置发生了变化，进一步探讨图形如何根据点坐标变化而发生平移变换。

（1）横坐标分别加 3，图形向右平移 3 个单位长度；横坐标分别减 2，图形向左平移 2 个单位长度。

（2）纵坐标分别加 3，图形向上平移 3 个单位长度；纵坐标分别减 2，图形向下平移 2 个单位长度。

设计意图：结合表格的数字量变和描点绘图的几何直观，利用动画演示，清晰地展示"鱼"的动态变化，从而激发学生主动探索的兴趣，培养他们的类比意识，进而合情推理，逆向总结相关变换规律。

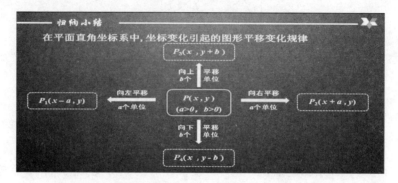

图5

（1）这一环节继续探索平移的坐标特征，由于涉及一般状况，含有字母表示，对学生有点难度，通过设置问题的回答，使学生直接观察得出性质。

（2）操作性强又富有挑战性的数学活动，激发了学生学习的兴趣，重点掌握平移的基本内涵和基本性质这两个要点。

随堂练习：

1. 点 A_1（6，3）是由点 A（-2，3）经过_____得到的，点 B（4，3）经过_____得到 B_1（4，1）．

2. 在平面直角坐标系 xOy 中，线段 CD 是由线段 AB 平移得到的。其中点 A（-1，4）的对应点为 C（4，4），则点 B（-4，-1）的对应点 D 的坐标为_____．

思维拓展：

已知点 P（$m-1$，$2m-1$），点 Q（$m+1$，$m+1$）．

（1）点 Q 是由点 P 左右平移得到的，求出 m 的值，并说明平移方向和距离．

（2）点 Q 能否由点 P 上下平移得到？说明理由．

设计意图：进一步认识平移，理解平移的基本内涵，理解平移前后两个图形对应点连线平行且相等、对应线段和对应角分别相等的性质；理解平移变换与坐标变换之间的变化特征。通过练习评价学生的本节课知识的掌握情况。

第三环节：归纳总结

组织学生小结这节课所学的内容，并作适当的补充。

今天学到了什么？今天的质疑和发现有哪些？

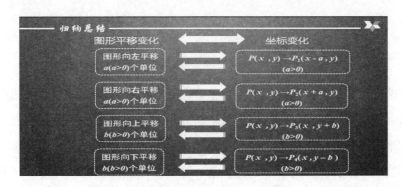

图6

设计意图：完善知识，明确重点知识，体验感受从问题—猜想—验证—拓展—应用的探究过程。引导学生从知识与技能、解决问题过程中运用的方法、投入的程度等几个维度对本节课进行回顾、反思。

五、教学设计反思

1. 注意学生活动的指导，教师应对小组讨论给予适当的指导，包括知识的启发引导、学生交流合作中注意的问题及对困难学生的帮助等，使小组合作学习更具实效性。在小组讨论之前，应该留给学生充分的独立思考的时间，不要让一些思维活跃的学生的回答代替了其他学生的思考，掩盖了其他学生的疑问。

2. 给学生空间，最后提出的一个挑战性问题，虽不能解决，但能让学生更加急迫地要充实新知识解决未解决的问题，从而使自己获得更大的成功，形成良性循环的学习模式。

八年级下册第三章第 1 节《图形的平移 3》①

一、教学内容及分析

本课时主要探索依次沿两个坐标轴方向平移后所得的图形与原来图形之间的关系。分为三个部分：在具体背景中研究图形变化引起坐标变化的规律；在具体背景中研究坐标变化引起图形变化的规律；总结概括一般规律。该内容是第三章第 1 节第二课时的学习延伸，第二课时重点研究一次平移变化图形与点坐标之间的变化规律，本课时内容升级为两次平移变化图形与点坐标之间的变化规律，特别要重点学习的是两次平移变化可以转化为一次平移变化，平移的基本要素——平移方向、平移距离的描述成为重难点学习内容。

二、教学目标及分析

1. 在直角坐标系中，探索并了解一个多边形依次沿两个坐标轴方向平移后得到的图形与原来的图形具有平移关系，体会图形顶点坐标的变化。

2. 经历有关平移的观察、操作、分析及抽象、概括等过程。

三、教学起点及分析

1. 学生知识技能基础：在经历图形的平移前 2 个课时的学习之后，学生初步掌握了平移的概念和性质，以及在平面直角坐标系中图形平移变化与坐标变化之间的变化规律。

2. 学生活动经验基础：通过类比的学习方法，学生积累了通过列表、描

---

① 该课例 2020 年 3 月入选江西省赣教云线上课程，该课件制作于 2020 年 9 月获江西省首届数字化中学数学教学能力评比初中组一等奖。

点、画图到观察、分析、概括的探索经验，学生有一定的动手实践能力和几何直观素养。本节课将进一步感受两次平移变化与一次平移变化之间的转化，抽象概括相关规律。

四、教学过程设计

第一环节：知识回顾

（1）找规律

你还记得在平面直角坐标系中图形平移和坐标变化之间的规律吗？

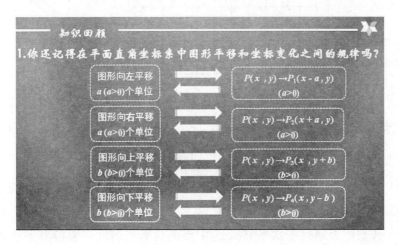

图1

（2）口答

① 在平面直角坐标系中，将图形作如下变化时，图形上的点坐标将怎样变化？

图形向右平移 3 个单位长度　　　答案：$(x, y) \rightarrow (x+3, y)$

图形向下平移 2 个单位长度　　　答案：$(x, y) \rightarrow (x, y-2)$

② 在平面直角坐标系中，将图形上的点坐标作如下变化时，图形将怎样变化？

$(x, y) \rightarrow (x, y+4)$　　　答案：向上平移 4 个单位长度

$(x, y) \rightarrow (x-1, y)$　　　答案：向左平移 1 个单位长度

设计意图：一方面回顾在平面直角坐标系中图形平移和坐标变化之间的规

律，学习用字母变化来总结相关结论；另一方面通过具体实例变化，检验学生应用规律，反馈对图形平移与坐标变化之间的熟练切换掌握情况。

第二环节：新课讲解

活动探究一：图形变化（平移）引起的坐标变化规律

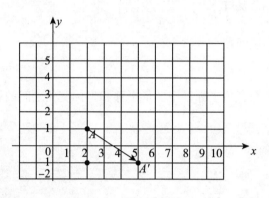

图2

如图2，在平面直角坐标系中，点 A（2，1）.

（1）先向下平移2个单位长度，再向右平移3个单位长度得到 A'，你能找到 A' 的位置吗？

（2）你还能想到其他的平移方式吗？

（3）A 点能否通过一次平移到达 A' 点的位置？若能，请指出平移方向和距离.

答案：能，沿点 A 到点 A' 的方向，平移 $\sqrt{13}$ 个单位长度.

（4）写出 A 点和 A' 点的坐标，有何变化？

答案：A（2，1）→A'（5，−1），横坐标加3，纵坐标减2.

设计意图：从点的平移入手，通过经历两次点的坐标轴方向平移与点坐标的变化之间的规律，以及与一次平移变化之间的转化过程，为后续图形"鱼"的平移变化积累活动经验。

先将图中的"鱼" F 向下平移2个单位长度，再向右平移3个单位长度，得到新"鱼" F'.

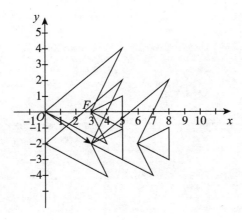

图3

操作：平面直角坐标系中画出"鱼"F'.

答案：见图3.

观察：能否将"鱼"F'看成是"鱼"F经过一次平移得到的？如果能，请指出平移的方向和平移的距离.

答案：能. 沿点（0，0）到点（3，−2）的方向平移，向右平移3个单位长度，向下平移2个单位长度.

验证："鱼"F和"鱼"F'中，对应点的坐标之间有什么关系？

答案：$(x, y) \rightarrow (x+3, y-2)$.

设计意图：再回到上节课研究过的小鱼，先研究小鱼经过二次沿坐标轴方向的平移，其位置变化与坐标变化之间的关系，以及这种二次平移如何通过一次平移完成。再研究小鱼每个顶点的横纵坐标分别加减，其位置发生的二次平移，以及这种二次平移如何通过一次平移完成。

小结议一议：一个图形依次沿x轴方向、y轴方向平移后所得图形与原来的图形相比，位置有什么变化？它们对应点的坐标之间有怎样的关系？

（1）一个图形一次沿x轴方向、y轴方向平移后所得的图形，可以看成是由原来的图形经过一次平移得到的；

（2）二次平移图形上点的坐标变化与我们对点平移的探索所得到的结论一致；

（3）这个图形一组对应点的平移方向和平移距离就是这个图形的平移方向

83

和平移距离。

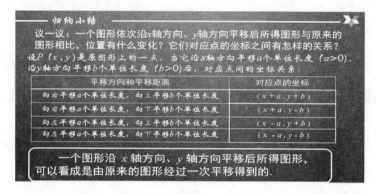

图4

活动探究二：坐标变化引起的图形变化规律

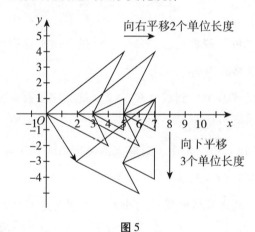

图5

先将图中"鱼"F的每个"顶点"的横坐标分别加2，纵坐标不变，得到"鱼"G；再将"鱼"G的每个顶点的纵坐标分别减3，横坐标不变，得到"鱼"H. "鱼"H与原来的"鱼"F相比有什么变化？能否将"鱼"H看成是"鱼"F经过一次平移得到的？

操作：利用表格直观写出变化后的坐标，并在平面直角坐标系中进行绘图，完成基本操作。

"鱼"$F(x, y)$	$(0, 0)$	$(5, 4)$	$(3, 0)$	$(5, 1)$	$(5, -1)$	$(4, -2)$
"鱼"$G(x+2, y)$	$(2, 0)$	$(7, 4)$	$(5, 0)$	$(7, 1)$	$(7, -1)$	$(6, -2)$
"鱼"$H(x+2, y-3)$	$(2, -3)$	$(7, 1)$	$(5, -3)$	$(7, -2)$	$(7, -4)$	$(6, -5)$

图6

观察："鱼"H与原来的"鱼"F相比，形状、大小相同，只是位置发生变化。

抽象："鱼"H看成是"鱼"F沿点（0，0）到点（2，-3）方向平移 $\sqrt{13}$个单位长度得到。

设计意图：探究活动二从点的横、纵坐标加减变化入手，在平面直角坐标系中构建新的图形，转而研究前后图形的形状、大小及位置关系. 学生可以类比活动一的方式进行相关学习探究，着重体会操作、观察及抽象总结规律的过程。

小结：在平面直角坐标系中，坐标变化引起的图形平移变化规律。

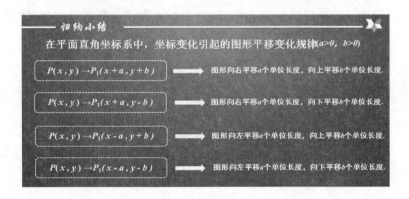

图7

设计意图：直观体会坐标变化引起的图形平移变化规律，其实质内容可以理解为两次坐标轴方向平移的叠加，横坐标变化引起水平方向平移，纵坐标变化引起铅直方向平移，两者无平移先后区分. 这部分内容在上一课时学生已基本掌握，教学时重点感受一次平移到两次平移的知识迁移。

第三环节：理解应用

例2. 如图8，四边形 $ABCD$ 各顶点的坐标分别为 A（-3，5），B（-4，3），C（-1，1），D（-1，4），将四边形 $ABCD$ 先向上平移 3 个单位长度，再向右平移 4 个单位长度，得到四边形 $A'B'C'D'$.

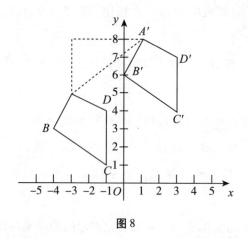

图8

（1）四边形 $A'B'C'D'$ 与四边形 $ABCD$ 对应点的横坐标有什么关系？纵坐标呢？分别写出点 A'，B'，C'，D' 的坐标；

（2）如果将四边形 $A'B'C'D'$ 看成是由四边形 $ABCD$ 经过一次平移得到的，请指出这一平移的平移方向和平移距离。

解：①对应点的横坐标分别增加了4，纵坐标分别增加了3；

②连接 $A'A$，$A'A = \sqrt{4^2+3^2} = 5$，四边形 $A'B'C'D'$ 可以看作四边形 $ABCD$ 经过一次平移得到，平移方向是由 A 到 A' 的方向，平移距离是 5 个单位长度。

设计意图：经历了前期探索总结之后，讲解例题，重点学习两次平移看作一次平移的转化，特别是发现并指出平移方向和平移距离。学会看作一次平移后，平移方向的语言描述和平移距离的计算方法。

随堂练习：

1. 在平面直角坐标系中，将点 A（1，-2）向上平移 3 个单位长度，再向左平移 2 个单位长度，得到点 A'，则点 A' 的坐标是（   ）

A.（-1，1）　　　　　　　B.（-1，-2）

C.（-1，2）　　　　　　　D.（1，2）

2. 在平面直角坐标系 xOy 中，线段 AB 的两个端点坐标分别为 A（-1，-1），B（1，2），平移线段 AB，得到线段 $A'B'$，已知 A' 的坐标为（3，1），则点 B' 的坐标为（   ）

A.（4，2）　　　　　　　　B.（5，4）

C.（6，2） D.（5，3）

3. 图 9（1）与图 9（2）对应"顶点"的坐标之间有什么关系？图 9（2）可以由图 9（1）经过怎样的变化而得到？

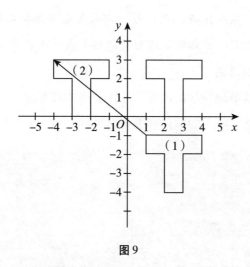

图9

解：对应"顶点"横坐标分别减少了5，纵坐标分别增加了4。

① 向上平移4个单位长度，再向左平移5个单位长度；

② 先向左平移5个单位长度，再向上平移4个单位长度；

③ 沿点（1，−1）到点（−4，3）的方向平移，向左平移5个单位长度，向上平移4个单位长度。

设计意图：随堂练习3个小题分梯度设置，第1题考查单个点的两次平移而产生的坐标变化；第2题考查线段的平移引起的点坐标变化，重点感受对应点的坐标变化相同，进一步体会平移性质的量化体现；第3题考查平移变化的多样性，训练学生的语言描述能力及对平移要素的掌握情况。

思维拓展：

△ABC 三个顶点的坐标分别为 A（0，3），B（−1，0），C（1，0）．小红把△ABC 平移后得到了△A′B′C′，并写出了它的三个顶点的坐标 A′（0，0），B′（−2，−3），C′（2，−3）．

（1）你认为小红所写的三个顶点坐标正确吗？

（2）如果小红所写三个顶点的纵坐标都正确，三个顶点的横坐标中只有一个正确，那么你能帮小红正确写出三个顶点的坐标吗？

设计意图：作为思维拓展题，考查的维度更加多元。一方面学生需要通过对应点的坐标变化情况来判断结论是否正确，显然平移的性质决定了每组对应点的横、纵坐标变化需要保持一致；另一方面考查了三角形平移前后顶点的对应要求及分类讨论思想。应该说能较为灵活地考查学生数学学习的综合素养。

第四环节：归纳总结

组织学生小结这节课所学的内容，并作适当的补充。

今天学到了什么？今天的质疑和发现有哪些？

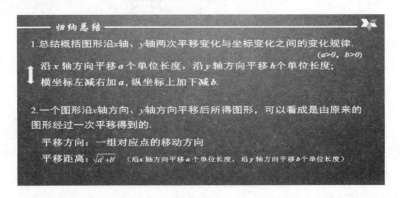

图10

设计意图：完善知识，明确重点知识，归纳二次平移变化到一次平移变化的平移方向和平移距离的规律，体验感受从操作—观察—猜想—验证—拓展的探究过程。引导学生从知识与技能、解决问题过程中运用的方法、投入的程度等几个维度对本节课进行回顾、反思。

五、教学设计反思

重视不同学习需求，做好过程评价。要关注学生参与观察、分析、画图、探究等数学活动的主动程度，以及对有关问题的好奇心和求知欲。鼓励学生用适当的语言表达和交流自己的学习体验、学习结果。关注学生识别规律、适当分析的同时，也关注学生的操作技能熟练程度、合作交流意识及实际处理问题的能力。

八年级下册第三章第 2 节《图形的旋转 1》[①]

一、教学内容及分析

图形的旋转是继平移、轴对称之后的又一种图形基本变换，是义务教育阶段数学课程标准中图形变换的一个重要组成部分。教材从学生实际接触、观察到的一些现象出发，从具体到抽象，从感性到理性，从实践到理论，再用理论检验实践，循序渐进地指导学生认识自然界和生活中的旋转，进而探索其性质。因此，旋转是培养学生思维能力、树立运动变化观点的良好素材；同时"图形的旋转"也为本章后续学习对称图形、中心对称图形做好准备，为今后学习"圆"的知识内容做好铺垫。教学中，需引导学生用数学的眼光看待有关问题，发展学生的数学观，学到活生生的数学，同时类比平移与旋转的异同，掌握旋转的定义和基本性质，并利用数学知识解释生活中的旋转现象。探索旋转的性质，特别是，对应点到旋转中心的距离相等既是本节内容的重点，亦是难点。

二、教学目标及分析

1. 通过具体事例认识旋转，了解它的基本概念和基本性质，探索理解旋转前后两个图形对应点到旋转中心的距离相等，对应点与旋转中心的连线所成的角彼此相等的性质。

2. 经历对生活中与旋转现象有关的图形进行观察、分析、欣赏以及抽象、概括等过程，掌握有关画图的操作技能，进一步积累数学活动经验，增强动手实践能力，发展空间观念。

---

① 该课例 2020 年 3 月入选防疫期间江西省赣教云线上课程。

3. 认识并欣赏旋转在自然界和现实生活中的应用，发展初步审美能力，增强对图形欣赏的意识。

三、教学起点及分析

学生在七年级下学期已经学习了"生活中的轴对称"一节，而且在本章的第一节，学生又经历了探索图形平移性质的过程，已经积累了相当的图形变换的数学活动经验，同时八年级学生逻辑思维从经验型逐步向理论型发展，观察能力、记忆能力和想象能力也在迅速发展，他们有强烈的独立思考、自主探索的愿望，这些对本节的学习都会有帮助。但旋转是三种变换中难度较大的一种，图形也比较复杂，因此，学生对旋转图形的形成过程的理解仍会有一定的困难。本节立足于学生小学阶段的学习基础和已有的生活经验，通过分析各种旋转现象的共性，直观地认识旋转，探索平面图形旋转的基本性质，利用旋转的基本特征研究简单的旋转画图。

四、教学过程设计

第一环节：情境导入

同学们在小学数学学习中已经对旋转有所了解，旋转是日常生活中常见的现象，你能列举一些含有旋转现象的实际例子吗？

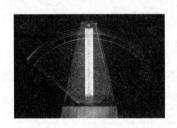

图1

观察以上实际例子，用语言描述其变化过程，并回答以下问题：

（1）这些旋转现象有什么共同的特征呢？

（2）旋转前后物体的形状、大小、位置是否发生了变化？

图2

设计意图：多媒体动画演示，并进行几何图形抽象，鼓励学生通过观察、思考和讨论，用自己的语言来描述这些转动现象的共同性，初步感觉转动的本质是绕着某一点旋转一定角度这两点。

第二环节：新课讲解

知识点一：旋转的定义

观察了上面图形的运动，引导学生归纳图形旋转的概念。像这样，把一个图形绕着某一点 O 转动一个角度的图形变换叫作旋转（rotation）。点 O 叫作旋转中心，转动的角叫作旋转角。

重点突出旋转的三个要素：旋转中心、旋转方向和旋转角度。

$\triangle ABC$ 绕点 O 按顺时针方向旋转一个角度，得到 $\triangle DEF$.

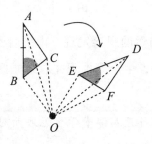

图3

（1）点 A 和点 D 是一组对应点.

（2）线段 AB 和线段 DE 是一组对应线段.

（3）$\angle ABC$ 和 $\angle DEF$ 是一组对应角.

（4）点 O 是旋转中心.

（5）∠AOD，∠BOE，∠COF 是旋转角.

温馨提示：①旋转的范围是"平面内"，其中"旋转中心、旋转方向、旋转角度"称为旋转的三要素；

②旋转变换同样属于全等变换。

设计意图：本环节学生先独立尝试，同学之间再进行讨论交流总结，在此过程中以培养学生的抽象概括能力，同时让学生体会到合作交流的必要性，随后给出旋转的定义。结合图形全等的知识，学习对应点、对应线段、对应角的概念，结合图形旋转，动态感受并理解旋转中心、旋转角的概念，牢牢掌握相关概念，为后续对旋转性质的进一步探索打好基础。

知识点二：旋转的性质

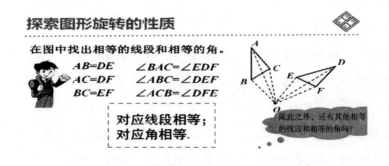

图4

利用视频，展示小明同学的观察发现，由旋转不改变图形的形状和大小，做出判断前后两个图形全等，由全等推理并总结概括出对应线段相等、对应角相等。

设计意图：用视频来弥补无声课堂学生无法面对面交流的缺憾，该环节的讨论指向性较强，并不影响授课效果，为旋转的其他性质的进一步深入探讨做好铺垫。

交流：除此之外，图形中是否还有其他相等的线段和相等的角？

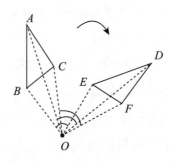

图5

鼓励学生用诸如操作演示、度量、依据概念说理等多种方式来验证相关猜想。教学时要求学生具体指出又有哪些线段、哪些角相等. 在此基础上概括出对应点到旋转中心的距离相等、每一组对应点与旋转中心的连线所成的角都相等（都等于旋转角）。

设计意图：通过课件演示，△ABC 在旋转的过程之中，通过比较某些线段的度量结果和某些角的度量结果，培养学生的观察能力和分析能力，亦有利于数学抽象和直观想象素养的培养。

延伸：将四边形 ABCD 绕点 O 顺时针旋转一个角度，得到四边形 EFGH.

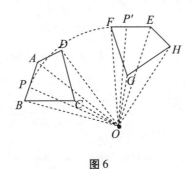

图6

（1）观察两个四边形，你能发现有哪些相等的线段和相等的角？

（2）连接 AO，BO，CO，DO，EO，FO，GO，HO，你又能发现哪些相等的线段和相等的角？

（3）在图中再取一些对应点，画出它们与旋转中心所连成的线段，你又能发现什么？

设计意图：从三角形到四边形的旋转图形演示和探索，在几何画板软件的操作下，重点探究从特殊点（多边形的顶点）旋转到一般点（图形边上任意一点）旋转的过渡，并推理验证相关结论。

总结"旋转的性质"：一个图形和它经过旋转得到的图形中：

（1）对应点到旋转中心的距离相等；

（2）任意一组对应点与旋转中心的连线所成的角都等于旋转角；

（3）对应线段相等，对应角相等。

第三环节：拓展应用

设置分层作业，进行练习反馈.

随堂练习：

1. 下列现象中属于旋转的有（　　　　）

① 地下水位逐年下降；② 传送带的移动；③ 方向盘的转动；

④ 拧开水龙头开关；⑤ 钟摆的运动；⑥ 幸运大转盘转动的过程.

A. 2 个　　　　　　　　　　B. 3 个

C. 4 个　　　　　　　　　　D. 5 个

2. 如图 7，$\triangle ABC$ 和 $\triangle DCE$ 都是直角三角形，其中一个三角形由另一个三角形旋转得到，下列叙述中正确的有_____.

A. 旋转中心是点 C　　　　　B. $AC = CD$

C. $\angle A = \angle E$　　　　　　　D. $\angle ACB = \angle DCE$

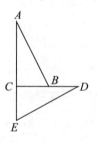

图 7

3. 如图 8，将 $\triangle OAB$ 绕点 O 沿顺时针方向旋转 $90°$ 后得到 $\triangle OA_1B_1$. 若 $OA = 3$，则 $AA_1 =$ _____.

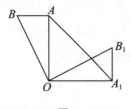

图 8

4. 如图 9，$\triangle COD$ 是 $\triangle AOB$ 绕点 O 按顺时针方向旋转 $40°$ 后得到的图形，且点 C 恰好在 AB 上，$\angle AOD = 90°$，则 $\angle B =$ _____度.

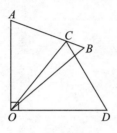

图 9

设计意图：分层设计，第 1 题考查对旋转变换的判断，即对旋转概念的理解；第 2 题直观考查旋转变换的相关概念及性质，如旋转中心、对应线段对应角相等；第 3 题、第 4 题难度明显提升，重点考查对旋转角概念的理解，学会在旋转变化中根据解题需要找到并选择合适的旋转角参与计算。特别需要关注的是旋转带来的隐藏条件，如等腰三角形、旋转角度的转换等，这些都必须在知晓旋转变换基本要素的前提下，灵活应用旋转的性质，做好知识的迁移。

思维拓展：

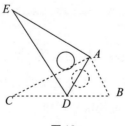

图 10

如图 10，将 $Rt\triangle ABC$ 绕点 A 按顺时针方向旋转一定角度得 $Rt\triangle ADE$，点 B 的对应点 D 恰好落在 BC 边上。若 $AC = \sqrt{3}$，$\angle B = 60°$，则 CD 的长为 _____.

设计意图：在前几道随堂练习的基础上给出思维拓展题进行探讨，学生更易于接受和应用旋转性质。解题的关键在于先判断△ADB为等边三角形，再利用解直角三角形的知识进行数据计算求解。

第四环节：归纳总结

组织学生小结这节课所学的内容，并作适当的补充。

今天学到了什么？今天的质疑和发现有哪些？

图 11

设计意图：提纲挈领引导学生进行归纳总结，利用思维导图将已经学习的图形变换进行归整，由轴对称—平移—旋转，采用类比学习的方式对各自的定义和性质展开探究。让学生对全章学习有充分的认知，对知识点及脉络的梳理更加清晰。

五、教学设计反思

本设计力图：以观察为起点，以问题为主线，以培养能力为核心的宗旨；遵照教师为主导、学生为主体、训练为主线的教学原则；遵循特殊到一般、具体到抽象，由浅入深、由易到难的认知规律。

具体设计中突出了以下构想：

1. 创设情境，引人入胜

首先播放一组生活中熟悉的体现运动变化的画面，激发学生的求知欲，为新课的开展创设良好的教学氛围，同时培养学生从数学的角度观察生活、思考问题的能力。

2. 过程凸现，紧扣重点

旋转概念的形成过程及旋转性质得到的过程是本节的重点，所以本节突出概念形成过程和性质探究过程的教学。首先列举学生熟悉的例子，从生活问题中抽象出数学本质，引导学生观察、分析后归纳，然后提出注意问题，帮助学生把握概念的本质特征，再引导学生运用概念并及时反馈。同时在概念的形成过程中，着意培养学生观察、分析、抽象、概括的能力，引导学生从运动、变化的角度看问题，向学生渗透辩证唯物主义观点。

3. 动态显现，化难为易

教学活动中有声、有色、有动感的画面，不仅叩开了学生思维之门，也打开了他们的心灵之窗，使他们在欣赏、享受中，在美的熏陶中主动地、轻松愉快地获得新知。

4. 例子展现，多方渗透

为了使抽象的概念具体化，通俗易懂，本节列举了大量生活中的例子，培养学生的发散思维，增强学生的数学应用意识。

九年级下册第四章第 6 节《测量旗杆的高度》[①]

一、教学内容解析

《测量旗杆（物体）的高度》这样一个课题学习的内容在北师大版教材中出现了两次，第一次出现在九年级上册第四章《图形的相似》第 6 节《利用相似三角形测高》，第二次在九年级下册第一章《直角三角形的边角关系》第 6 节《利用三角函数测高》。同样一个问题在一套教材中出现两次，可见其地位之重要，而设置应用两种不同的数学原理解决同一实际问题则体现了数学知识学习的螺旋式上升模式，以及整个几何知识的公理化体系的层层深入。

本节课则是教材中的第一次出现，它是继《相似多边形》《探索三角形相似的条件》之后的一节活动探究课。本节书上内容介绍了几种测量物体高度的方法，熟练掌握这些方案，并灵活应用到实践操作，达到学以致用的效果成为本次课题活动的核心内容。

二、学生学情分析

1. 认知基础：通过前几节课的学习，学生已基本掌握了判断两个三角形相似的方法，并且会利用三角形相似关系进行计算，认识到相似三角形是研究几何计算问题的重要手段。这些对本节课的学习提供了充分的知识基础。

2. 活动经验基础：本节课根据"理论—实践—理论"的指导思想，利用相似三角形的性质求某物体（旗杆、百年樟树）的高度。学生在活动中所需要的工具与活动中所要测量的数据都是根据问题的实际情况所决定的。在具体的活

[①] 该课例 2013 年 10 月获第四届全国新世纪杯初中数学优质课说课比赛一等奖。

动中，测量长度的过程学生还是比较熟悉的，而"如何调节标杆""如何调节镜子的位置，找出最佳反射点"等需要教师进行指导。

三、教学目标及重难点设置

1. 教学目标

（1）过测量旗杆的高度，综合运用三角形相似的判定定理和相似三角形的定义解决问题，发展应用意识，加深对相似三角形的理解和认识。

（2）教学中渗透数学建模思想，使学生初步认识和积累建模的方法和经验。

（3）在分组合作活动以及全班交流的过程中，使学生进一步积累数学活动的经验。实现学生之间的交流协作，经历成功的体验，激发学习数学的兴趣，体现用数学知识解决实际问题的价值。

2. 教学重点

综合运用相似三角形的性质和判定解决实际问题。

3. 教学难点

解决在实际操作中遇到的实际问题，并根据对应环境调整方案解决问题。在活动交流环节总结实验探究误差产生的原因，从而积累实际操作经验。

四、教学策略分析及课时安排

本节内容侧重理论与实践相结合，测量某些不能直接度量的物体高度，是综合运用相似知识的良好机会。结合前期实施经验，给出以下教学策略供读者借鉴交流。

（一）教学策略分析

1. 分组活动提前安排，做到优势互补

教师根据学生的认知水平和能力及个性化差异进行科学分组，以"教师牵头＋自由组合"相结合的方式进行。学生根据各自的性格特征、数学能力进行组内分工，确保每位学生的全程参与和过程体验。

2. 分组合作自主探索，做到精准把控

课外实践操作无疑给学生带来更多的应用体验，然而教学实施的收放自如、教学目标的精准把控则更需要教师的拿捏有度。任务呈现时，学生需要在教师的引导下做好基本数学知识的掌握学习，具备基本的操作经验；任务实施时，教师要全程参与、细心观察，做好过程记录，并给予一定的操作指导；任务总结时，教师要善于融合各组"智慧亮点""瓶颈障碍"，进行有梯度、重点化的展示交流，激发师生的思维碰撞，达到数学活动探索的深度学习。

（二）课时安排

为了更好地体现学生个性化的学习特征，实现学生之间的合作与交流，笔者将本节内容分四个课时完成。

1. 学习探究，确定方案（课内活动 1 课时）

学生通过阅读教材的方式认识和理解活动的目的与测量的内容和方法，对活动实施的步骤做到心中有数。

2. 布置任务，小组实践（课外活动 1 课时）

测量校园内旗杆或百年樟树的高度，分组按计划进行测量，教师观察和对有需求的小组进行指导。

3. 成果展示，总结交流（课内活动 2 课时）

各小组对收集数据进行计算，并整理成活动报告，以 PPT 的形式课内展示交流。比较各组得到的数据结果及分析总结各种方法的优缺点。

注：活动报告内容包括：

① 名称、时间、地点、人物

② 小组分工（测量员、记录员、数据分析员、PPT 制作员、汇报演示员等）

③ 工具（生活工具、自制工具、计算机软件等）

④ 方案设计（文字说明、几何模型等）

⑤ 活动实践过程记录（图片、视频等）

⑥ 数据处理分析

⑦ 活动反思或感悟

下面是第 3、4 课时的教学过程。

五、教学过程

本节课由五个教学环节组成。

第一环节：情境引入

师：简单介绍一下授课学校——九江市同文中学（百年樟苑）的基本情况，包括对学生素质能力的培养以及此次活动的测量对象。

图片展示同文中学的校园环境。语言描述：我校是江西省首批重点中学，创立于 1867 年，至今已有 154 年的历史，在校学生 5000 余人。一直以来，学校非常重视对学生素质的培养，所以学生的动手操作能力较强，而数学实践活动交流的学习模式已经成为日常数学教学的不可或缺的部分。通过图片简单描述测量对象——旗杆和百年樟树的周围环境特点。

设计意图：一方面说明学生具备动手操作和展示交流的能力；另一方面介绍测量对象所具有的特殊环境特点，为后续测量工作做铺垫.

第二环节：建模实践（课本上介绍的三种方案分类展示交流）

方案 1. 利用阳光下的影子测量物高

师：如图 1，请学生简述方法一的设计原理和几何建模过程，在测量过程中需测量哪些数据？

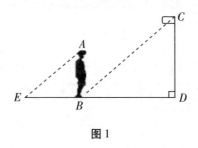

图 1

生：（学生叙述）

∵ 太阳的光线是平行的，

∴ $AE /\!/ CB$，

∴ $\angle AEB = \angle CBD$，

∵ 人与旗杆是垂直于地面的，

∴ $\angle ABE = \angle CDB$，

∴ $\triangle ABE \backsim \triangle CDB$，

∴ $\dfrac{AB}{CD} = \dfrac{BE}{BD}$，

即 $CD = \dfrac{AB \cdot BD}{BE}$。

因此，只要测量出人的影长 BE，旗杆的影长 DB，再知道人的身高 AB，就可以求出旗杆 CD 的高度了。

生：方法一的学生活动报告展示。

障碍预设：

（1）如图2，校园内旗杆底座下的台阶学生如何处理？

（2）人站在 B 点的目的是什么？是否一定要站在 B 处？

图2

师：在展示结束后，教师鼓励学生对该组同学的实际操作方案提出自己的见解（包括优点和需要改进的地方），同时要求方案的实施者做自我反思。

生：

（1）根据实际环境，把旗杆和底部台阶作为一个整体进行方案设计，如图3，测量水平方向（包括台阶和地上）的所有影长和作为 BD 长带入计算，算出 CD 后减去底部台阶的高度即为旗杆的实际高度。

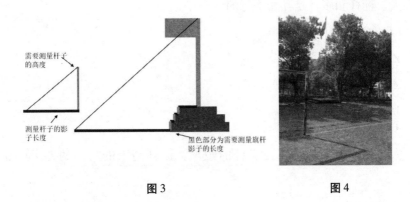

图 3　　　　　　　　　　图 4

（2）如图 4，用球门门框替代方案 1 中的人，进行相关操作且门框的底部并没有落在旗杆影子的顶端。

（3）积累实操经验：为了更清晰地测量影长，应该选择早晨。

师：对活动报告进行评价并解决障碍预计中的问题。

方案 2. 利用标杆测量物高

师：如图 5，请学生简述方法二的设计原理和几何建模过程，运用该方法必须满足什么条件？

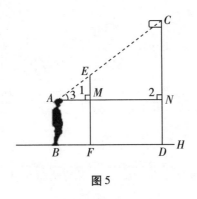

图 5

生：（学生叙述）

利用光线（或视线）沿直线传播的原理，借助标杆构造相似三角形进行计算。

如图，过点 A 作 $AN \perp DC$ 于 N，交 EF 于 M.

∵ 人、标杆和旗杆都垂直于地面，

∴ $\angle ABF = \angle F = \angle CDH = 90°$，

∴ 人、标杆和旗杆是互相平行的。

∵ $EF /\!/ CN$，

∴ $\angle 1 = \angle 2$，

∵ $\angle 3 = \angle 3$，$\triangle AME \backsim \triangle ANC$，

∴ $\dfrac{AM}{AN} = \dfrac{EM}{CN}$.

∵ 人与标杆的距离、人与旗杆的距离，标杆与人的身高的差 EM 都已测量出，

∴ 能求出 CN.

∵ $\angle ABF = \angle CDF = \angle AND = 90°$，

∴ 四边形 $ABND$ 为矩形.

∴ $DN = AB$，

∴ 能求出旗杆 CD 的长度.

障碍预设：此种方案难点在于需分割转化得到相似三角形，然后根据需要测量长度，计算得到。它的分割方法不止一种可能，如图 6 所示：

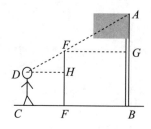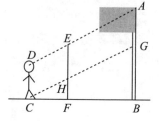

图 6

设计意图：学生从中感受到相似三角形的构造方法，同时复习应用了相似三角形的判定方法。

生：方法二的学生活动报告展示（测量学校百年樟树），如图 7。

图7

障碍预设：

（1）标杆的高度是否适当？

（2）此种方法对测量的技巧要求较高，学生能否很好掌握？

（3）需要处理的数据较多，能否正确处理？

师：在展示结束后，教师提问测量树的高度和测量旗杆的高度有什么不同，并鼓励学生对该组同学的实际操作方案提出自己的见解（包括优点和需要改进的地方），同时质疑两次测量结果为何相差甚远。

生：树冠较大；选择人做标杆不合适。

师：对活动报告进行评价，虽然学生由于工具的限制使用人作为替代标杆，但老师即时抓主这点，让学生明晰此种方法的缺点，并做方法总结：观测者的眼睛必须与标杆的顶端和旗杆的顶端"三点共线"，如图8，标杆与地面要垂直。

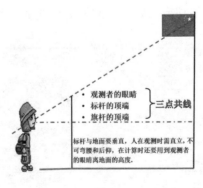

图8

方案3. 利用镜子的反射测量物高

师：如图9，请学生简述方法三利用镜子的反射测量物高的设计原理和几何建模过程。

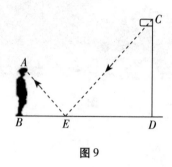

图9

生：（学生叙述）

利用光的反射原理"入射角等于反射角"构造相似三角形，从而计算求解。

∵ 入射角＝反射角，

∴ $\angle AEB = \angle CED.$

∵ 人、旗杆都垂直于地面，

∴ $\angle B = \angle D = 90°$，

∴ $\dfrac{AB}{CD} = \dfrac{BE}{DE}$．

因此，测量出人与镜子的距离 BE，旗杆与镜子的距离 DE，再知道人的身高 AB，就可以求出旗杆 CD 的高度。

生：方法三的学生活动报告展示（测量学校百年樟树），如图10。

同学身高（h_1）	同学距镜子的长度（s_1）	大树与镜子的距离（s_2）
1.6m	0.48m	4.8m
1.5m	0.27m	5.0m

图10

障碍预设：

（1）树冠较大时如何在镜面内确定最高点的位置？

（2）周围环境较为复杂，是否会对测量产生影响？

生：

（1）树冠较大，不好确定最高点。

（2）镜面没有水平放置；多次测量求平均值。

（3）不是测量人的身高，而是人眼到地面的距离。

师：同样的方法，两次测量数据计算结果相差甚远，是什么原因造成的呢？细心的同学发现树周围的地面是不平的，有一定的坡度，从而无法构成相似图形，为老师的教学设计开了个好头。如图 11，利用几何画板简述镜面没有水平放置会造成误差的原因。同时认为因为树冠较大，无法确定最高点，方法三不适合测量树的高度。

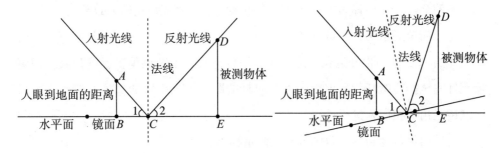

图 11

设计意图：本节课的主要任务是通过测量某些不能直接测量的物体的高度，培养学生学数学的兴趣和用数学的意识．因此首先要明确测量方法，通过小组交流结果，反思方案和操作中的不足。

第三环节：方案比较

师生探讨：比较三种测量方法的优缺点。

生：

方法一：模型结构简单，易操作，便于数据处理，不足表现为受客观条件限制（需要充沛的光线和清晰的影长）。

方法二：模型处理转为相似三角形稍显麻烦，数据处理计算有一定的难度，受客观条件限制小。

方法三：模型原理简单，有一定的学科横向联系，实操过程有难度，产生的误差规避难度高。

设计意图：引导学生比较各种方案的优劣，形成优化意识。

第四环节：案例拓展

师：讨论交流其他的测量方法。

生：展示交流利用照片测量物高的活动报告。

障碍预设：此方案是否可行，照相时需注意什么？

师生：参照物（最好选人）必须站在旗杆下面照相，此时计算出照片上参照物与旗杆的比例等于实际生活中的比例。

举一反三：P144 习题 4.9

一盗窃犯于夜深人静之时潜入某单位作案，该单位的自动摄像系统摄下了他作案的全过程。请你为警方设计一个方案，估计该盗窃犯的大致身高。

师：简单展示两种测量方案。

如图 12，拿一根知道长度的直棒，手臂伸直，不断调整自己的位置，使直棒刚好完全挡住旗杆，量出此时人到旗杆的距离、人手臂的长度和棒长，就可以利用三角形相似来进行计算。

通过测量角度利用三角函数知识测量物体高度。

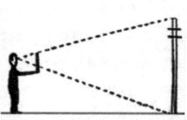

图 12

设计意图：通过本环节加强学生对知识的掌握，引导学生对后续学习的期待。注意将学生的思路引导到利用相似三角形的有关知识上来。

第五环节：总结评价

（1）本节课你学到了哪些知识？

（2）在运用科学知识进行实践过程中，你是否想到最优的方法？

（3）在与同伴合作交流中，你对自己的表现满意吗？

（4）同伴中你认为最值得学习的是哪几个人？

设计意图：通过活动，使学生对利用相似三角形的知识进行测量有一定认识，在以后的学习生活中注意加以应用并逐步树立数学建模意识，同时在评价自己与他人时学会关注他人。

六、学生活动及评价

表1

活动报告　　　　　　　　　　　　年　月　日

课题				
测量示意图				
测得数据	测量项目	第一次	第二次	平均值
计算过程				
活动感受				
负责人及参加人员				
计算者和复核者				
指导教师审核意见				
备注				

活动目的：体验合作，为后面的活动做好准备。

活动的注意事项：

（1）教师要引导学生展示自己设计的方案，并帮助完善。

（2）给予学生活动的过程性评价。

七、赏析

相似图形是现实生活中广泛存在的现象，掌握和运用相似图形（特别是相似三角形）的性质解决实际问题，可以使学生进一步发展空间观念、几何直观、逻辑推理、数学分析及数学建模能力，提高学生的应用意识和合作交流能力。本节课以课题学习"测量物体的高度"为教学内容，通过分组活动、交流研讨，在呈现数学结果的同时，使学生充分体验从实际背景中抽象出数学问题、构建数学模型，在经历实践操作、数学计算、数学分析及问题解决的过程，帮助学生进一步积累数学思想方法（模型思想）和基本数学活动经验（优化意识、实操经验）。

课题设计目标具体，准备时间充分，可操作性强，鼓励学生通过观察与思考、度量与操作、计算与分析、协作与交流、归纳与总结，经历提出问题、发现问题、解决问题及问题应用的过程，在牢固掌握知识点的同时，提升综合数学素养。

通过教学让学生理解在解决同一个问题的过程中我们可以尝试不同的方法，这里面就可能出现不同的解决方式、不同的限制条件以及不同的难度，所以教学中注意培养学生多角度理解问题，分析各种方法的优越性，最终顺利解决问题。

学生活动展示过程中，我们惊喜地发现学生数学学习的无限可能。我们惊叹学生解决问题多样性的思维拓展，学生观察实际生活的耐心细致，学生处理实际问题的团结协作，学生分析问题的严谨态度，等等，这些给予授课者强烈的震撼。我们深刻地意识到在数学的学习过程中，每个学生都应该并且能找到自己对应的位置，满足他们个性的发展，获得属于自己的成功。

共顶点双等腰三角形模型再探[①]

一、教学内容

本节课是在学生已经学习了全等三角形、图形变换、等腰三角形等内容基础上，进一步综合探究具有某种特殊位置的等腰三角形的相关内容。主要讨论基于全等三角形和旋转两部分内容基础上的共顶点等腰三角形与全等的综合理解与运用。共顶点双等腰三角形模型，即等腰三角形的两条腰相等，如果两个等腰三角形共顶点且顶角相等，那么将两条腰分配到不同的两个三角形中会得到全等三角形，会发现某些线段在数量和位置上有着特殊的关系。

二、教学目标

1. 能根据共顶点的等腰三角形找出全等三角形，特别是从共顶点的两个等腰三角的复杂图形中发现三角形全等的条件。

2. 能利用等边三角形的性质和判定进行综合运用，特别是借助于全等三角形的对应边、对应角和两个三角形面积求线段的等量关系、角的度数和证明两个三角形面积相等。

3. 结合全等和等腰三角形的相关知识，在具体几何题目中，总结基本图形，归纳几何结题策略，特别是借助条件线索，构造共顶点双顶腰三角形模型来解决相关问题。

[①] 该课例执教于 2018 年 4 月江西省中小学乡村教师访名校项目培训，2018 年 9 月获九江市初中数学录像课评比一等奖，同年 12 月获"一师一优课、一课一名师"市级一等奖。

三、学情分析

掌握模型学习的本质条件——两个顶角相等且顶点重合的等腰三角形，并由此找出全等的三角形对于大多数学生而言还是比较容易掌握的。重点在于由全等推导出来的相关条件的应用，需要学生在复杂图形中把握全等的结论，并建立与其他条件、结论之间的内在联系。随着问题探索与拓展的进一步深入，自主添加辅助线构造模型解决问题则显得更加有难度。学生由于添加辅助线的经验不足，对于任何需要添加的辅助线，如何添加，添加的理由是什么，如何描述辅助线仍然没有规律性了解。事实上，添加辅助线、描述辅助线本身就是一项探究性活动，是获得证明所采取的一种尝试，有可能成功，也有可能失败；对于变式训练，旋转前后哪些量变了、哪些量保持不变，都是学生存在困惑的地方。因此，对辅助线的添加和对于旋转问题明确变与不变的元素都是本节课的难点。

四、教学过程

活动一：模型认识

从研究两个等腰直角三角形共直角顶点的情况入手，掌握基本结论。

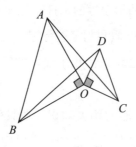

图1

如图1，给出两个共直角顶点 O 的等腰 $Rt\triangle AOB$ 和等腰 $Rt\triangle COD$，底边 AB 和 CD 特意用细线相连，意在凸显该图形的本质特征，即是由 $OA = OB$ 和 $OC = OD$ 构成的两组"共顶点，等线段"结构，该结构为后面的模型方法奠定了基础。连接 $\triangle AOB$ 右手 A 与 $\triangle COD$ 右手 C，连接 $\triangle AOB$ 左手 B 与 $\triangle COD$ 左手 D，

则构成了传统意义上的"手拉手全等模型"。

师：你能找到图形中全等三角形、相等的线段、相等的角吗？还有没有其他结论？

师生活动：学生独立思考，发现问题，相互交流，小组间相互补充，派学生代表讲解思路，同学间相互补充，教师在此过程中关注学生能否从不同角度解决问题。

由此不难得出以下结论：

（1）形的角度：$\triangle AOC \cong \triangle BOD$

由 $\angle AOB = \angle COD = 90°$，易得 $\angle AOC = \angle BOD$，结合 $OA = OB$，$OC = OD$，易证 $\triangle AOC \cong \triangle BOD$（SAS）.

（2）线的角度：$AC = BD$ 且 $AC \perp BD$

设 AC，BD 交于 E，

$\because \triangle AOC \cong \triangle BOD$，

$\therefore AC = BD$，$\angle OAC = \angle OBD$，由下左图中的"8 字形 $AOBE$"导角易证 $\angle AEB = \angle AOB = 90°$，

即 $AC \perp BD$. 同理，用下右图中的"8 字形 $CODE$"导角亦可。

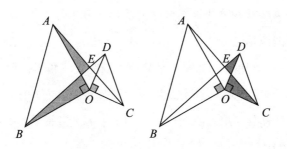

图 2

设计意图：以特殊的等腰直角三角形入手，着重强调模型的基本特性，鼓励学生一起探索该模型的相关结论，由浅入深，从三角形全等到对应线段的数量和位置关系，亦可渗透相似模型。应该说，该模型具有一定的解法共性和拓展衍生性，对于培养学生的几何直观、逻辑推理、模型思想都有助力，十分具有研究探索价值。

师：请大家尝试从图形变换的角度来重新认识此图。

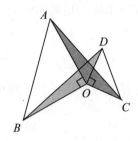

图3

从静态视角看，△AOC 与 △BOD 全等；

从动态视角看，△BOD 可看成由 △AOC 绕公共顶点 O 逆时针旋转 90° 而来，这就是一开始所说的两组"共顶点，等线段"结构在起作用。O 正好为两个三角形的旋转提供了旋转三要素，即旋转中心、旋转方向和旋转角。

BD 由 AC 绕点 O 逆时针旋转 90° 而来，旋转前与旋转后的直线必垂直。从这个意义上来讲，则 AC 与 BD 垂直是显然的事情啊！

设计意图： 由全等图形的结论转化为图形变换的角度，无疑为学生的几何学习带来了动态感受，数学知识的横向联系改变了问题解决的单一角度，创新了数学问题的解决路径和方法，同时也为后期学习做好铺垫。

活动二：模型应用

（2017·九江八下期末）如图4是共顶点双等腰三角形模型，已知 AB = AC，AB' = AC'，∠BAC = ∠B'AC'. 研究此图形可以发现一些有趣的结论.

（1）如图5，连接 BB'，CC'，CC' 交 AB 于 E，延长 CC' 交 BB' 于点 D，求证：∠BDC = ∠BAC.

联系与运用：

（2）如图6，△ABC 与 △ABC' 均为等边三角形，点 C' 在 △ABC 内，连接 BB'，CC'，BC'，设 ∠BC'C = y，∠B'BC' = x，求 y 与 x 满足的关系式.

（3）如图7，已知 △ABC 是等腰直角三角形，∠BAC = 90° 且 ∠ADB = 45°，BD = 4，CD = $\sqrt{41}$，求 AD 的长.

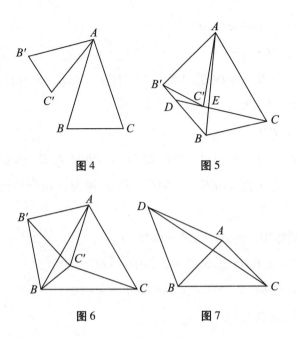

图4　　　　　图5

图6　　　　　图7

设计意图：明确的共顶点双等腰三角形模型背景，问题（1）（2）绕开全等三角形证明，直接提问图形中两个角之间的数量关系，确有些意外。冷静思考，主要还是考查全等后的结论应用，对于学生而言解题关键在于找到"8字形"相似模型。问题（3）则明显提高难度，在仅存一个等腰直角三角形的条件下，添加辅助线，还原共顶点双等腰模型成为学生解决的瓶颈。

解析：首先共顶点双等腰模型的本质就是旋转式全等三角形，其次这种模型中经常隐藏着一些"8字形"，这些"8字形"是推导相等角的重要模型，例如共顶点双等腰模型中常用"8字形"证两线垂直、共顶点双等边模型中常用"8字形"证两线夹角为60°等。所以请同学们务必重视如下图红色粗线所示的"8字形"，也是我们今后九年级常见的"相似模型"。

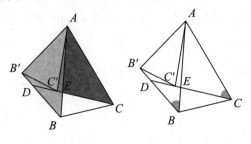

图8

如图 8，易知 $\triangle ABB' \cong \triangle ACC'$，

$\therefore \angle ABD = \angle ACE.$

$\because \angle BDC + \angle ABD + \angle DEB = 180°$，$\angle BAC + \angle ACE + \angle AEC = 180°$，

又 $\because \angle DEB = \angle AEC$，

$\therefore \angle BDC = \angle BAC.$

方法一：根据（1）的提示，延长 CC'，交 BB' 于点 E，构造如图 9 红色线所示的"8 字形"，易得 $\angle BEC = \angle BAC = 60°$，再由三角形的外角定理得 $y = x + 60°$.

方法二：如图 10，$\because \angle 1 + \angle 2 = 180° - y$，

又 $\because \angle ABC' + \angle 1 + \angle ACC' + \angle 2 = 60° + 60° = 120°$，

$\therefore \angle ABC' + \angle ACC' = 120° - (180° - y) = y - 60°$，

$\because \triangle ABB' \cong \triangle ACC'$，

$\therefore \angle ABB' = \angle ACC'$，

$\therefore \angle ABC' + \angle ABB' = y - 60°$，即 $x = y - 60°$，

$\therefore y = x + 60°.$

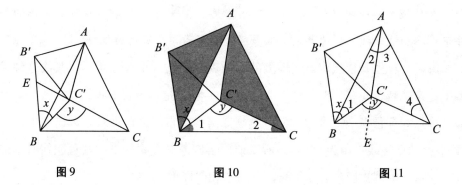

图 9　　　　　　　　图 10　　　　　　　　图 11

方法三：如图 11，延长 AC'，$\because \angle 1 + \angle 2 = \angle BC'E$，$\angle 3 + \angle 4 = \angle CC'E$，

$\therefore \angle 1 + \angle 4 + 60° = y.$

又 $\because \angle 4 = \angle ABB'$，

$\therefore \angle 1 + \angle ABB' + 60° = y$，

$\therefore y = x + 60°.$

设计意图：除了使用"8 字形"相似模型找到两角关系以外，还可以利用

三角形外角定理找寻数量关系，旨在鼓励学生多角度思考问题。

方法四：如图 12（1），作 $EA \perp AD$，交 DB 的延长线于 E，连接 $CE.$ （构造共顶点双等腰直角模型）

易知 $\triangle ADB \cong \triangle AEC$，

$\therefore \angle ADB = \angle AEC = 45°$，

又 $\because \angle DAE = 90°$，

$\therefore \angle AED = 90° - 45° = 45°$，

$\therefore \angle DEC = 45° + 45° = 90°.$

$\because BD = EC = 4$，$CD = \sqrt{41}$，

$\therefore$ 由勾股定理得 $DE = 5$，

$\therefore DA = 5 \div \sqrt{2} = 2.5\sqrt{2}.$

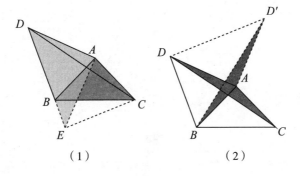

（1）　　　　　　　　（2）

图 12

方法五：如图 12（2），作 $D'A \perp DA$，且 $D'A = DA.$ （构造共顶点双等腰直角模型）

易知 $\triangle ADC \cong \triangle AD'B$，

$\therefore CD = BD' = \sqrt{41}.$

又 $\because \angle ADB = 45°$，$\angle ADD' = 45°$，

$\therefore \angle BDD' = 90°.$

设计意图：辅助线的构造无疑是解决问题的要点，熟识模型结构，抓住不变要素，科学构造十分考查学生的模型建构能力和发散性思维。该小问从顶点 A 入手，以线段 AD 为落脚点，构造缺失的那个等腰直角三角形，当图形直入眼

帘时，定会感叹模型教学的魅力。

方法提炼：

（1）共顶点双等腰有两种特殊的模型，即共顶点双等边、共顶点双等腰直角（共顶点双正方形亦属此类型）。这些模型都是由三角形旋转而得，前者是旋转60°，后者旋转90°。

（2）有趣的是旋转模型中往往"寄生"了另一种数学小模型，即"8字形"，"8字形"是导角相等或导线垂直的重要方法，也是相似三角形的基本模型。

活动三：模型变化

在原有共顶点双等腰直角三角形模型基础上，连接左手 A 与右手 D，连接右手 B 与左手 C，则又构成了所谓"婆罗摩笈多模型"。由此，我们又可以推出哪些结论呢？

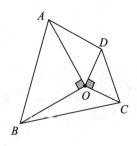

图13

设计意图：模型变式，仍然是共顶点双等腰，所不同的是等腰三角形的顶角不相等，而是互补，也可以解释为左手牵右手，右手牵左手。新的模型分类，结论定会有新的变化，值得探讨。

师：显然，原模型中的全等不见了，新的 $\triangle AOD$ 与 $\triangle BOC$ 又会出现怎样的联系呢？

生：猜测，面积相等。

师：能试着证明吗？不全等的三角形证明面积相等，从哪里入手？

生：线段 AO 与线段 BO 相等，把它们看作三角形的底，再证明底上的高相等即可。

师：那试着画一画，我们一起来推理一下。

共同分析：如图14所示，证明 $\triangle OGD \cong \triangle OHC$ 即可。

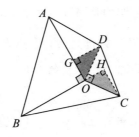

图 14

结论：△AOD 面积 = △BOC 面积。

师：其实在这个模型中还隐藏着其他的结论，大家和我一起来看看下面这一题，能否得出灵感？

（2017·江西）我们定义：如图 15（a），在△ABC 中，把 AB 绕点 A 顺时针旋转 α（0°<α<180°）得到 AB′，把 AC 绕点 A 逆时针旋转 β 得到 AC′，连接 B′C′. 当 α+β=180°时，我们称△AB′C′是△ABC 的"旋补三角形"，△AB′C′边 B′C′上的中线 AD 叫作△ABC 的"旋补中线"，点 A 叫作"旋补中心".

特例感知：

在图 15（b）、图 15（c）中，△AB′C′是△ABC 的"旋补三角形"，AD 是△ABC 的"旋补中线".

① 如图 15（b），当△ABC 为等边三角形时，AD 与 BC 的数量关系为 AD = _____BC；

② 如图 15（c），当∠BAC = 90°，BC = 8 时，则 AD 长为_____.

猜想论证：

在图 15（a）中，当△ABC 为任意三角形时，猜想 AD 与 BC 的数量关系，并给予证明.

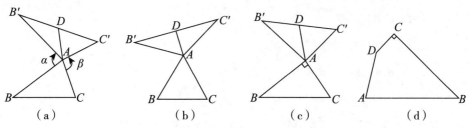

| （a） | （b） | （c） | （d） |

图 15

拓展应用：如图 15d，在四边形 $ABCD$ 中，$\angle C = 90°$，$\angle D = 150°$，$BC = 12$，$CD = 2\sqrt{3}$，$DA = 6$。在四边形内部是否存在点 P，使 $\triangle PDC$ 是 $\triangle PAB$ 的"旋补三角形"？若存在，给予证明，并求 $\triangle PAB$ 的"旋补中线"长；若不存在，说明理由。

设计意图：新的模型给予新的习题应用，何况还是中考真题，特别能吸引学生的关注度。该题是典型的江西省中考几何新定义压轴题，采用"特例感知""猜想论证""拓展应用"三步层层递进的方式，非常完美地呈现了几何模型构建的探索操作流程。

设计意图：从特例出发，让学生经历发现结论、说明论证过程，体会相关知识的运用。

解析：猜想：$AD = \dfrac{1}{2}BC$。

证法一：

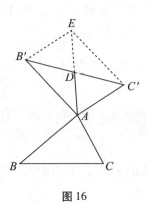

图 16

证明：如图 16，延长 AD 至 E，使 $DE = AD$。

∵ AD 是 $\triangle ABC$ 的"旋补中线"，

∴ $B'D = C'D$，

∴ 四边形 $AB'EC'$ 是平行四边形，

∴ $EC' \parallel B'A$，$EC' = B'A$，

∴ $\angle AC'E + \angle B'AC' = 180°$。

由定义可知 $\angle B'AC' + \angle BAC = 180°$，$B'A = BA$，$AC = AC'$，

$\therefore \angle AC'E = \angle BAC$，$EC' = BA$，

$\therefore \triangle AC'E \cong \triangle CAB$，

$\therefore AE = BC.$

$\because AD = \dfrac{1}{2}AE$，

$\therefore AD = \dfrac{1}{2}BC.$

证法二：

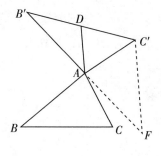

图 17

证明：如图 17，延长 $B'A$ 至 F，使 $AF = B'A$，连接 $C'F$，

$\therefore \angle B'AC' + \angle C'AF = 180°.$

由定义可知 $\angle B'AC' + \angle BAC = 180°$，$B'A = BA$，$AC = AC'$，

$\therefore \angle CAB = \angle C'AF$，$AB = AF$，

$\therefore \triangle ABC \cong \triangle AFC'$，

$\therefore BC = FC'.$

$\because B'D = C'D$，$B'A = AF$，

$\therefore AD = \dfrac{1}{2}FC'$，

$\therefore AD = \dfrac{1}{2}BC.$

证法三：

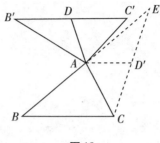

图 18

证明：如图 18，将 $\triangle AB'C'$ 绕点 A 顺时针旋转 $\angle C'AC$ 的度数，得到 $\triangle AEC$，此时 AC' 与 AC 重合，D 的对应点为 D'，连接 AD'.

由定义可知 $\angle B'AC' + \angle BAC = 180°$，

由旋转得 $\angle B'AC' = \angle EAC$，

$\therefore \angle BAC + \angle EAC = 180°$，

$\therefore E$、A、B 三点在同一直线上。

$\because AB = AB' = AE$，$ED' = D'C$，

$\therefore AD'$ 是 $\triangle EBC$ 的中位线，

$\therefore AD' = \dfrac{1}{2}BC$，

即 $AD = \dfrac{1}{2}BC$.

设计意图：拓展问题的研究范围，将问题一般化，让学生经历由特殊到一般探索问题的过程，体会研究问题的一般化方法和类比方法。该小题预备了三种解题方法，其中方法一、方法二涉及几何常见的"中点问题"，分别采用了"倍长中线法"和"构造中位线法"解决问题，而方法三则是通过旋转变换，动态地解决问题。让学生体会几何图形的多变，在其过程中体会变与不变元素，抓住本质特征，从而形成解决问题的能力。

得出婆罗摩笈多模型的结论二：$BC = \dfrac{1}{2}AD$.

拓展应用解析：存在。

如图 19，以 AD 为边向四边形 $ABCD$ 的内部作等边 $\triangle PAD$，连接 PB，PC，

延长 BP 交 AD 于点 F，则有 $\angle ADP = \angle APD = 60°$，$PA = PD = AD = 6.$

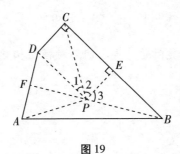

图 19

$\because \angle CDA = 150°$，

$\therefore \angle CDP = 90°.$

过点 P 作 $PE \perp BC$ 于点 E，

易知四边形 $PDCE$ 为矩形，

$\therefore CE = PD = 6$，

$\therefore \tan \angle 1 = \dfrac{CD}{PD} = \dfrac{2\sqrt{3}}{3} = \dfrac{\sqrt{3}}{3}$，

$\therefore \angle 1 = 30°$，$\angle 2 = 60°$，

$\therefore BE = 12 - 6 = 6 = CE.$

又 $PE \perp BC$，

$\therefore PC = PB$，$\angle 3 = \angle 2 = 60°$，

$\therefore \angle APD + \angle BPC = 60° + 120° = 180°.$

又 $PA = PD$，$PB = PC$，

$\therefore \triangle PDC$ 是 $\triangle PAB$ 的"旋补三角形".

$\because \angle 3 = 60°$，$\angle DPE = 90°$，

$\therefore \angle DPF = 30°$，

$\therefore BF \perp AD$，$AF = \dfrac{1}{2}AD = 3$，$PF = 3\sqrt{3}.$

在 $\mathrm{Rt} \triangle PBE$ 中，$PB = \sqrt{PE^2 + BE^2} = \sqrt{CD^2 + BE^2} = \sqrt{(2\sqrt{3})^2 + 6^2} = 4\sqrt{3}$，

$\therefore BF = PB + PF = 7\sqrt{3}.$

在 $\mathrm{Rt} \triangle ABF$ 中，$AB = \sqrt{(7\sqrt{3})^2 + 3^2} = 2\sqrt{39}.$

由上证得△PDC 是△PAB 的"旋补三角形"，

∴ △PAB 的"旋补中线"长为 $\frac{1}{2}AB = \sqrt{39}$.

设计意图：拓展延伸类问题，再次回到对模型构建的考查上来，达到学生能力培养的升华。

五、教学反思

本节课的教学内容一直是中考的热点，几何模型的变化看似变幻莫测，实则有迹可循。结合学生所具备的逻辑思维和推理论证能力，本节课采用以启发式、合作探究为主，讨论和直观演示为辅的教学方法。有机融合各种教法于一体，做到步步有序，环环相扣，不断引导学生动手、动口、动脑。几何的模型教学一直备受争议，有人担心会固化学生的数学思维，其实非也。教学中真正地让学生参与、动手实践思考才是核心。模型的构建有利于学生透过现象看本质，积累数学模型构造的方法和经验，本节课对"模型认识""模型应用""模型变式"三个板块的设计，给学生强大的视觉冲击和思维引导。为了处理好图形的变换、对应的识别等问题，利用几何画板进行了精心设计。这样做不仅在表现力上直观形象，而且唤起了学生注意，增加了学生参与活动的机会。

第 三 章

熊晶晶教学设计

七年级下册第一章第 1 节《同底数幂的乘法》[①]

一、教学背景分析

（一）教学内容及地位分析

《同底数幂的乘法》共计一个课时，是北师大版数学七年级下册第一章第一节内容，属《整式的乘法》中最基本的运算性质。本节课是在七年级上册学习了有理数的乘方和整式的加减之后，为了进一步学习整式的乘法而学习的法则，同时又是幂的三个运算性质中最基本的一个运算性质。

（二）学生学情分析

学生通过对七年级上册数学知识的学习，已经掌握了用字母表示数的技能，了解了幂的运算，这些基础知识为本节课的学习奠定了基础。

（三）教学环境分析

疫情期间，学生居家通过电脑进行线上学习，教学面向全体学生，应考虑到学生基础差异。无生课堂缺少师生互动，教师不能及时掌握学生接受情况，所以在备课时要尽可能多地考虑到难点突破及学生易错点讲评。

---

① 该课于 2020 年在全省防疫期间线上教学优质课评选活动中荣获二等奖。

二、教学设计理念与整体思路

针对教学背景分析，采取以下的教学设计理念和思路：

首先让学生复习"乘方"及"幂"的概念，然后引出情境问题"已知光速，求距离"，从而引出我们要学习本节课的教学内容《同底数幂的乘法》。

讲解新课通过"从特殊到一般"的认知方法认识新知；引导学生经历"发现和猜想→验证和去伪→归纳与概括→应用与拓展"的知识形成过程。

三、教学目标

（一）知识与技能目标

1. 理解同底数幂的乘法法则。

2. 能用同底数幂乘法运算性质并解决一些实际问题。

（二）过程与方法目标

1. 经历探索同底数幂的乘法运算的过程，进一步体会幂的意义，发展推理能力和有条理的表达能力。

2. 在了解同底数幂的乘法运算的意义的基础上，"发现"同底数幂的乘法性质，培养学生观察、概括和抽象的能力。

（三）情感与态度目标

在推导"性质"的过程中，培养学生观察、归纳及论证的能力。

四、教学重点与难点

1. 重点：正确理解并应用同底数幂的乘法法则。

2. 难点：底数多项式的幂的乘法运算中的符号问题。

五、多媒体使用

课件展示。

六、教学过程

（一）课前回顾

1. 什么是多项式的加法？

2. n 个相同因数乘积的运算，叫作乘方，乘方的结果叫作幂。

设计意图：课前回顾问题的设计，可以激发学生学习多项式乘法的兴趣，同时复习幂的概念，为本节课打下基础.

（二）新课

1. 创设情境，导入新课

（1）光在真空中的速度大约是 3×10^8 米/秒，太阳系以外距离地球最近的恒星是比邻星，它发出的光到达地球大约需要 4.22 年，比邻星与地球的距离是多少？$3 \times 10^8 \times 4.22 \times 3 \times 10^7$

（2）思考：10^8 表示的意义什么？什么是科学记数法？

$$10^8 \times 10^7 = ?$$

像这样底数相同的两个幂相乘的运算，我们把它叫作同底数幂的乘法。（板书课题）

提问：

（1）什么是同底数幂乘法法则？

（2）你会用字母表示同底数幂乘法法则吗？

设计意图：通过生活情境的设置，从实际问题中引出同底数幂乘法的概念，让学生感知数学来自生活。

2. 探究

（1）请同学们先根据幂的运算，解答下列各题。

$10^3 \times 10^2 = \underline{(10 \times 10 \times 10)} \times \underline{(10 \times 10)} = \underline{\hspace{3cm}} = 10^{(\quad)}$

$2^3 \times 2^2 = \underline{\hspace{4cm}} = \underline{\hspace{2cm}} = 2^{(\quad)}$

$a^3 \times a^2 = \underline{\hspace{4cm}} = \underline{\hspace{2cm}} = a^{(\quad)}$

（2）思考

请同学们观察下面各题左右两边，底数、指数有什么关系？

$$10^3 \times 10^2 = 10^{(\quad)} \qquad\qquad 2^3 \times 2^2 = 2^{(\quad)}$$

$$a^3 \times a^2 = a^{(\quad)}$$

猜想：$a^m \cdot a^n = \quad$ ？？？（当 m、n 都是正整数）

（3）请用数学符号语言和文字语言叙述同底数幂的乘法性质。

（温馨提示：在本章中，如果没有特别说明，幂的指数中的字母都是正整数。）

条件：①乘法；②底数相同。

结果：①底数不变；②指数相加。

设计意图：让学生从底数为具体数字的幂的运算中，发现底数为字母的幂的运算法则。

例题　（1）$a^2 \cdot a^3 =$ 　　　　　　（2）$t^2 \cdot t^{2m+1} =$

（3）$(-2)^2 \, (-2) \, (-2)^3 =$ 　　　（4）$x^3 \cdot (\quad) = x^5$

计算：

（1）$x \cdot x^4 = \underline{\qquad}$ 　　　　（2）$a^m \times a^{m+1} = \underline{\qquad}$

（3）$a^2 \times a^{2m+1} = \underline{\qquad}$ 　　（4）$a^m \times \underline{\qquad} = a^{2m+1}$

计算：

（1）$(a+b)^2 (a+b)^3 =$

（2）$(x-y)^{m+1} (x-y) =$

（3）$(a+b)^2 \cdot (\quad) = (a+b)^3$

知识归纳：

同底数幂乘法法则：①同底数幂相乘，底数不变，指数相加。②$a^m \times a^n = a^{m+n}$（m，n 为正整数）。

提示：① a 可以是数也可以是式子。

② 公式可以逆用（习题课中讲解）。

③ 可以多个相乘。

设计意图：通过例题讲解，让学生进一步了解同底数幂的计算法则。

3. 知识拓展

（1）$(a-b)^2 (b-a)^3 = ?$ 　　　　（2）$(a-b)^3 (b-a)^2 = ?$

提示：底数看上去不同，实质为相反数，当其中一个指数为偶数时，可以直接转化为同底数幂相乘，当其中一个指数为奇数时，注意转化为同底数幂时要提负号。

设计意图：让学生学会处理如何将底数互为相反数的转化为同底数幂。

4. 随堂练习

（1）判断对错。

① $b^2 \cdot b^5 = 2b^5$

② $b^5 + b^5 = b^{10}$

③ $-7^6 \times 7^3 = 7^9$

④ $y^5 + 2y^5 = 3y^{10}$

⑤ $(-x)^2 \cdot (-x)^3 = (-x)^5$

⑥ $m + m^3 = m^4$

（2）光在真空中的速度约为 3×10^8 m/s，太阳光照射到地球上大约需要 5×10^2 s. 地球距离太阳大约有多远？

（3）我国国防科技大学成功研制的"天河二号"超级计算机以每秒 33.86 千万亿（3.386×10^{16}）次运算，问：它工作 10^3 s 可进行多少次运算？

七、课堂小结

1. 同底数幂乘法法则。

2. 运用法则时不要漏掉单独字母的指数 1；不要把同底数幂的乘法法则与整式的加法法则混淆。

八、作业

巩固性作业：课本 P4 习题 1.1 知识技能。

拓展性作业：课本 P4 习题 1.1 数学理解和问题解决。

研究性作业：赣教云平台的智慧作业，下载电子作业。

九、教学反思

本节课的探究活动本身既是对学生能力的培养，又是对公式的识记过程，而且还可以提高他们的探究数学新知的本领，不能因为内容简单就直接给出结论，应该充分引导学生进行探究。对于公式使用的条件即字母指数的取值范围，不必过分强调。

现代数学教学观念要求学生从"学会"向"会学"转变。本节课我将始终关注学生能否在老师的引导下积极主动地按所给的条件进行探索，能否在活动中大胆尝试并表达自己的想法从而发现结论。既关注学生对"双基"的理解和掌握，更要关注他们的学习过程和在数学活动中表现出来的情感与态度、能力与经验，特别是使学生更深刻地掌握相关知识与解决问题的不同方法策略。

七年级下册第一章第 2 节《幂的乘方与积的乘方》①

一、教学目标

1. 知识与技能

理解幂的乘方的运算性质，进一步体会和巩固幂的意义；通过推理得出幂的乘方的运算性质，并且掌握这个性质。

2. 过程与方法

经历一系列探索过程，发展学生的合情推理能力和有条理的表达能力；通过情境教学，培养学生应用能力。

3. 情感、态度与价值观

培养学生合作交流意义和探索精神，让学生体会数学的应用价值。

二、教学重、难点

1. 教学重点：理解并掌握幂的乘方运算法则。

2. 教学难点：掌握幂的乘方法则的推导过程并能灵活运用。

三、教学方法

采用"探讨、交流、合作"的教学方法，让学生在互动交流中认识幂的乘方法则。

---

① 该课为江西省 2020 年全省防疫期间线上教学课程。

四、多媒体使用

课件展示。

五、教材分析

八年级的学生，思维正处在从具体形象思维向抽象逻辑思维转变的阶段，已学习了有理数乘方运算的意义、同底数幂的乘法，这些都为本节课的学习打下了基础。通过以前的学习，学生已经初步具备了发现问题，分析、合作、讨论、解决问题的能力，根据这节课的内容特点、学生认知规律，本课采取引导探索发现法来组织教学，让学生在探索中发现、形成、应用和拓展新知识，让学生在活动的过程中体验学习的快乐，培养学生之间相互合作、相互交流的能力，为今后的学习打下基础。

六、教学过程

（一）课前回顾

幂的意义及同底数的乘法法则。

设计意图：复习旧知识，为学习新知识做铺垫.

（二）新课

1. 创设情境，导入新课

大家知道太阳、木星和月亮的体积的大致比例吗？我可以告诉你，木星的半径是地球半径的 10^2 倍，太阳的半径是地球半径的 10^3 倍，假如地球的半径为 r，那么，请同学们计算一下太阳和木星的体积是多少。（球的体积公式为 $V = \dfrac{4}{3}\pi r^3$）

你知道 $(10^2)^3$ 等于多少吗？它又是什么运算呢？

思考：一个正方体的棱长是 10 厘米，则它的体积是多少立方厘米？

你能猜想出幂的乘方是怎样计算的吗？请你观察上述结果的底数与指数有何变化？

$(a^m)^n = (a^n)^m$（m，n 都是正整数）

幂的乘方，底数不变，指数相乘。

设计意图：从实例引入课题，强化数学应用意识，使学生真真切切地感受到幂的乘方运算因实际需要而生的思想，从而激发学生的求知欲。这既是对旧知识的巩固复习，也让学生体验转化的数学思想，从具体数字到一般字母，循序渐进，符合学生的认知规律，同时也为导出公式做好铺垫。

2. 范例学习，应用所学

计算：(1) $(10^2)^3$ 　　　　　　(2) $(b^5)^5$

(3) $(a^n)^m$ 　　　　　　　　(4) $-(x^2)^m$

(5) $(y^2)^3 y$ 　　　　　　　(6) $2(a^2)^6 - (a^3)^4$

你是不是掌握了幂的乘方运算法则呢?

设计意图：根据课本例题，教师引导学生进行计算，既可强化新知，同时幂的乘方法则得到应用。

(三) 随堂练习

1. 判断下面计算是否正确。正确的说出理由，不正确的请改正.

(1) $(x^3)^3 = x^6$

(2) $x^3 \cdot x^3 = x^9$

(3) $x^3 + x^3 = x^9$

注意：区别三种运算。

设计意图：设计错例辨析和练习，通过不同的题型，从不同的角度加深对公式的理解，加深同底数幂乘法、幂的乘方的区别。

2. 计算下列各式，结果用幂的形式表示：

(1) $(10^7)^3$ 　　　　　　　(2) $(a^4)^8$

(3) $-(a^2)^5$ 　　　　　　(4) $(a^3)^{3n}$

3. 计算：

(1) $(x^3)^4 \cdot x^2$ 　　　　　(2) $x \cdot x^4 - x^2 \cdot x^3$

设计意图：让学生综合运用新知识，达到培养灵活运用的能力。

（四）拓展训练

1. $\left[(a+b)^m\right]^2$ $\left[(a^m)^n\right]^2$

提示：把 $(a+b)$ 看成一个整体！

2. 计算：$\left[(a-2b)^3\ (a-2b)^4\right]^2$.

分析：考虑本题中的底数均为 $(a-2b)$，所以将其看成一个整体，先对中括号内实施同底数幂的乘法，后对中括号内的结果进行幂的乘方。

若 $2^a=2$，$4^b=6$，$8^c=12$，试求 a，b，c 的数量关系。

3. 试比较 27^4 和 81^3 的大小。

设计意图：培养迁移能力与培养观察探究能力、合作交流能力和解决实际问题等能力有机结合起来，才能使学生学会学习，才能真正实现"教是为了不教，学是为了会学"。

（五）课堂总结，发展潜能

1. 幂的乘方 $(a^m)^n=a^{mn}$（m，n 都是正整数）使用范围：幂的乘方。方法：底数不变，指数相乘。

2. 知识拓展：这里的底数、指数可以是数，可以是字母，也可以是单项式或多项式。

3. 幂的乘方法则与同底数幂的乘法法则区别在于，一个是"指数相乘"，一个是"指数相加"。

（六）作业

巩固性作业：课本 P6 习题 1.2 知识技能。

拓展性作业：课本 P6 习题 1.2 数学理解和问题解决。

研究性作业：赣教云平台的智慧作业，下载今天的电子作业。

七、教学反思

回顾这一节课，在教学过程的进程中把握得比较好，而且条理比较清晰，课堂流程很好，基本达到教学目标。但还存在一些不足。例如后面的练习题的设计，缺乏新颖，没有难度的变化，而且形式比较单一，不能更好地调动学生的积极性。未返回刚开始情境导入中遗留的未解决的问题。

　　学生拓展训练的设计可以有效地调动学生的学习积极性，让学生在认真思考、调动数学思维的学习环境中，学会思考，学会数学的应用，避免那种枯燥无味、单调反复的训练，防止学生陷入麻木、机械的练习，最终失去对数学的兴趣；学生的反思不能满足于简单的回顾，而旨在发掘学生思想的火花，发掘更深层次的理解。

七年级下册第一章第2节《幂的乘方与积的乘方》①

一、教学目标

1. 知识与技能：要求学生理解并准确掌握积的乘方的运算性质，熟练应用这一性质进行有关计算。

2. 过程与方法：通过引导学生解决"试一试"，让学生知道法则的由来，并会应用。

3. 情感态度与价值观：进一步培养学习数学的兴趣。

二、教学重点

理解并掌握积的乘方的运算法则。

三、教学难点

掌握积的乘方的推导过程，并能灵活运用。

四、教材分析

本节课《积的乘方》是学生在学习了同底数幂的乘法、幂的乘方两种幂的运算性质之后的第三种运算性质，是幂指数运算不可或缺的一部分。它同幂的意义，乘法交换律、结合律有着紧密的联系。结合同底数幂的乘法、幂的乘方、合并同类项等概念将幂的运算部分内容自然地引入到整式的运算，为整式的运

---

① 该课为江西省2020年全省防疫期间线上教学课程。

算打下基础和提供依据。这节课无论从其内容还是所处的地位来说都是十分重要的，是后继学习整式乘除与因式分解的基础。

五、学情分析

疫情防控期间，学生课前准备情况未知，全省上网课学生学习习惯、运算水平情况未知，备课时应尽量考虑中等难度题型，不宜过难或过易，尽可能展现多种形式多样的教学方法，提升学生学习兴趣，引导学生树立正确的学习观。

六、教学过程

（一）课前回顾

回忆同底数幂的乘法法则与幂的乘方法则，它们之间有什么相同点和不同点？

设计意图：通过复习上节课所学的同底数幂的乘法内容，幂的乘方，为探索积的乘方做准备。

（二）新课

创设情境，导入新课

思考下面两道题：

$$(ab)^2 \qquad\qquad (ab)^3$$

这两道题有什么特点？

底数为两个因式相乘，积的形式。

我们可以根据乘方的意义及乘法交换律、结合律，同底数幂的乘法来进行运算。

先独立完成上面的问题，再小组讨论。

（1）如：$(ab)^4 = (ab) \cdot (ab) \cdot (ab) \cdot (ab)$

（乘方的含义）

$= (a \cdot a \cdot a \cdot a) \cdot (b \cdot b \cdot b \cdot b)$

（乘法交换律、结合律）

$= a^4 \cdot b^4$（乘方的意义与同底数幂的乘法运算）

$= a^4 b^4$

(2) $(ab)^n = a^n b^n$

我们得到了积的乘方法则：$(ab)^n = a^n b^n$（n 为正整数），这就是说，积的乘方等于积的每个因式分别乘方，再把所得的幂相乘。

$(ab)^n = a^n \cdot b^n = a^n b^n$.

(3) $a^n b^n = (ab)^n$

想一想：三个或三个以上的积的乘方等于什么？

$(abc)^n = a^n b^n c^n$（n 为正整数）

设计意图：通过探索练习所导出的规律，利用乘方的意义和同底数幂的乘法法则，让学生获得新的知识。

（三）例题讲解

例 1 计算：

(1) $(3x)^2$

(2) $(-2b)^5$

(3) $(-2xy)^4$

(4) $(3a^2)^n$

方法总结：运用积的乘方法则进行计算时，注意每个因式都要乘方，尤其是字母的系数不要漏掉。

例 2 找错：

$(-3a^2 b^4)^3 = -3a^6 b^{12}$ $(ab)^5 = ab^{10}$

错因分析：积的乘方，应将积中的每一个因式分别乘方，上面的解法没有将 (-3) 乘方而致错。

错因分析：上面的解法忽视了 a 的指数为1，误认为其为0而致错，按照规定单独一个字母的指数1通常可省略不写，可是计算时不应将其忽略。

例 3 判断：

(1) $(ab^2)^3 = ab^6$ （   ）

(2) $(3xy)^3 = 9x^3 y^3$ （   ）

(3) $(-2a^2)^2 = -4a^4$ （   ）

(4) $-(-ab^2)^2 = a^2 b^4$ （   ）

例4 下列运算正确的是（　　　）

A. $xx^2 = x^2$ B. $(xy)^2 = xy^2$

C. $(x^2)^3 = x^6$ D. $x^2 + x^2 = x^4$

设计意图：学生通过练习，巩固刚刚学习的新知识，在此基础上，加深知识的应用。

（四）巩固新知

1. $(ab)^8$

2. $(2m)^3$

3. $(-xy)^5$

（五）巩固提升

1. $(5ab^2)^3$

2. $(2 \times 10^2)^2$

3. $(-3 \times 10^3)^3$

如果 $(a^{nb^m}b)^3 = a^9 b^{15}$，求 m，n 的值。

分析：先将 $(xy)^{2n}$ 式子变形为 $x^{2n}y^{2n}$，结合题目的条件，进一步变形为 $4^2 \times 5^2$ 即可求解。

设计意图：能进行积的乘方法则的逆用，掌握技巧.

（六）课堂小结

1. 积的乘方法则：积的乘方，等于把积的每一个因式分别乘方，再把所得的幂相乘。

2. 运用积的乘方法则时要注意每一个因式都要"乘方"；注意结果的符号。

（七）作业

巩固性作业：课本 P8 习题 1.3 知识技能。

拓展性作业：课本 P8 习题 1.1 数学理解、问题解决、联系拓广。

研究性作业：赣教云平台的智慧作业，下载今天的电子作业。

七、教学反思

本课的主要教学任务是"积的乘方的运算性质"，在课堂教学时，引导学生探索发现得出这一性质，这一过程比较顺利。为了加深对这一性质的理解，也将积的乘方与其他运算性质集中进行辨析，在此基础上接着对于积的乘方的逆运算进行探索，以上的教学环节，实施流畅，效果满意。但是在后面练习题的设计上，缺乏新颖，没有难度的变化，而且形式比较单一，不能更好地调动学生的积极性，另外课堂中的数学语言要注意规范和精练。

七年级下册第一章《习题课》①

一、教学目标

（一）知识与技能目标

1. 运用同底数幂的乘法、幂的乘方、积的乘方法则。

2. 能用以上运算性质并解决一些实际问题。

（二）过程与方法目标

1. 经历三种法则运用过程发展推理能力和有条理的表达能力。

2. 培养学生观察、概括和抽象的能力。

（三）情感与态度目标

在运用"性质"的过程中，培养学生观察、归纳及论证的能力。

二、教学重点与难点

1. 教学重点：能运用同底数幂的乘法、幂的乘方、积的乘方法则。

2. 教学难点：会逆用同底数幂的乘法、幂的乘方、积的乘方法则解决实际问题。

三、多媒体使用

课件展示。

---

① 该课为江西省 2020 年全省防疫期间线上教学课程。

四、教学过程

（一）课前回顾

1. 同底数幂相乘，底数不变，指数相加。

$a^m \cdot a^n = a^{m+n}$（其中 m，n 都是正整数）

2. 幂的乘方，底数不变，指数相乘。

$(a^m)^n = a^{mn}$（其中 m，n 都是正整数）

3. 积的乘方，等于把积的每一个因式分别乘方，再把所得的幂相乘。

$(ab)^n = a^n b^n$（其中 n 为正整数）

设计意图：让学生充分复习并深刻理解三种幂的运算，为习题课做好铺垫。

（二）新课

1. 计算 $a^6 \cdot a^2$ 的结果是（　　）.

A. a^3　　　　　　　　　　　B. a^4

C. a^8　　　　　　　　　　　D. a^{12}

2. 计算 $-a^2 \cdot a^5$ 的结果是（　　）.

3. 计算：

（1）$(-5)^2 \times (-5)^7$　　　　　（2）$-7^3 \times 7^4$

（3）$10^m + 1 \times 10^{2m-1} \times 10^{2+m}$

4. 已知 $2m + 3n = 5$，求 $4^m \cdot 8^n$ 的值.

分析：先把 $4^m \cdot 8^n$ 化为同底数的幂，再利用整体思想来解。

解：因为 $4^m \cdot 8^n = (2^2)^m \cdot (2^3)^n = 2^{2m} \cdot 2^{3n} = 2^{2m+3n}$，而 $2m + 3n = 5$，所以 $4^m \cdot 8^n = 2^5 = 32$.

变式引申：已知 $10^x = 5$，$10^y = 6$，求 10^{2x+3y} 的值.

分析：先逆用同底数幂相乘的法则将 10^{2x+3y} 转化成 $10^{2x} \cdot 10^{3y}$，

答案：$10^{2x+3y} = 10^{2x} \cdot 10^{3y} = (10x)^2 \cdot (10y)^3 = 5^2 \cdot 6^3 = 5400$

设计意图：让学生巧用整体思想求值，对于异底数的幂之间的乘法运算，可以引导学生先考虑转化为同底数的幂，整体转化所求式子的指数，找到与已知条件之间的关系计算。

5. 某市环保局欲将一个长为 2×10^3dm，宽为 4×10^2dm，高为 8×10dm 的长方体废水池中的满池废水注入正方体贮水池净化. 那么请你考虑一下能否恰好有一个正方体贮水池将这些废水正好装满. 若有，求出该正方体贮水池的棱长；若没有，请说明理由.

分析：解此题的关键是要知道正方体贮水池的体积正好等于长方体废水池的体积，而正方体的体积等于棱长的立方，逆用积的乘方法则可得棱长。

解：假设恰好有一个正方体贮水池将这些废水正好装满，则这些废水的体积等于长方体体积 $(2 \times 10^3) \times (4 \times 10^2) \times (8 \times 10) = (2 \times 4 \times 8) \times (10^3 \times 10^2 \times 10) = 64 \times 10^6 = (4 \times 10^2)^3$，又因为棱长的立方等于体积，所以恰好有一个正方体贮水池将这些废水正好装满，这个正方体的棱长是 4×10^2dm.

6. 计算 $(x-y)^3 \cdot (y-x)^2$.

当 n 为偶数时，$(y-x)^n = (x-y)^n$；

当 n 为奇数时，$(y-x)^n = -(x-y)^n$.

设计意图：幂的混合运算中的符号处理是一个难点，也是同学们甚感困惑的地方. 此类题型符号的处理涉及 $(y-x)^n$ 与 $(x-y)^n$ 之间的关系及转化，通过习题可以让学生理清符号的问题。

（三）随堂练习

1. 已知 $x^m = 2$，$x^n = 3$，则 x^{m+n} 的值是（　　　　　）.

2. 计算 $(15^2)^3$ 的结果是（　　　）.

A. 15^5　　　　　　　　　　　B. 15^6

C. 15^8　　　　　　　　　　　D. 15

3. 计算：$x^2 \cdot (x^2)^5$.

4. 若 $2 \times 8^n \times 16^n = 2^{22}$，则 n 的值为_____.

（四）课堂小结

1. 同底数幂的乘法法则的运算及逆用。

2. 幂的乘方及逆用。

3. 同底数幂的乘法与幂的乘方综合运算。

（注意区分两种运算的不同）

（五）作业

巩固性作业：赣教云平台的智慧作业，下载今天的电子作业。

拓展性作业：总结今天的习题课，归纳易错题型。

研究性作业：探究积的乘方逆用。

五、教学反思

时间上安排不太合理，前松后紧。复习同底数幂的乘法法则过于细致，花费时间偏多，导致后面的练习时间不宽裕。对同底数幂的乘法法则的应用，应进一步地拓展。教学设计中我准备了逆用同底数幂的乘法法则等拓展性知识，在教学中遇到前面学过的相关知识而大部分学生可能遗忘时，应独立复习，做好教学铺垫。在底数互为相反数时，要学生体会转化的教学思想，而转化的关键要看指数为奇数还是偶数，此类型题目似乎没有使学生完全理解。

习题课必须有选择地进行讲评，不是没有错误的题目或错误少的题目，就不必讲评，有时我们可能就认为，学生已经掌握得很好了，没有再进行讲评的必要，便直接将这些题目跳了过去。殊不知，有些题目可以于平淡中见神奇，以这些题目为基础，稍加变换，便可以衍生出一类问题，可以有效引导学生触类旁通，进行思维能力的训练。不是错误多的习题，就一定要花大力气讲评，应该认真分析题目错误的原因，有针对性地进行讲解，可以事半功倍。

八年级上册第一章实践活动课《拼图与勾股定理》[①]

一、知识与技能

1. 掌握勾股定理的一些基本证明方法。
2. 了解有关勾股定理的历史背景。

二、数学思考

通过使用数学教具拼图，体验勾股定理的多种证明方法。

三、解决问题

1. 在定理的证明中培养学生的动手能力。
2. 经历理解勾股定理的证明过程，感悟并掌握勾股定理的证明过程。
3. 培养学生应用数学知识证明猜想的结论。

四、情感与态度

1. 通过学习勾股定理的历史背景，培养学生自主探究意识。
2. 在拼图过程中培养合作能力。

五、教材分析

"勾股定理"是几何中一个非常重要的定理，表达了直角三角形三边之间

[①] 本节课为作者于 2006 年在江西省初中课堂操作教材数学优质课评选中获一等奖的教学设计。

的数量关系，将数与形密切联系起来，它有着丰富的历史背景，在理论上占有重要地位。本节课是一节活动课，让学生利用教具进行拼图，通过实践验证猜想，让学生亲身体验勾股定理的多种验证过程，努力做到由传统的数学课堂向实验课堂转变，从而提升学习数学的兴趣。

六、学校及学生状况分析

八年级学生已初步具有几何图形的观察及证明能力，学生乐于探究，希望通过老师创设几何环境，给他们发表自己见解和表现自己才华的机会，通过实际操作，使他们获得施展自己才能的机会。但对于勾股定理的证明，首先需要学生通过动手操作，在观察的基础上进行证明，而这需要学生具备一定的分析、归纳的思维方法和运用数学的思想意识，学生在有的拼图证明方法上会形成困难。

七、教学设计

（一）创设情境　激发兴趣

1. 复习勾股定理——直角三角形的三边关系

勾股定理：直角三角形两直角边 a、b 的平方和等于斜边 c 的平方。数学表达式：$a^2 + b^2 = c^2$.

2. 欣赏图片——引出课题

通过欣赏 2002 年在我国北京召开的国际数学家大会的会徽图案，引出"赵爽弦图"，让学生了解我国古代辉煌的数学成就，激发学生的民族自豪感。

图1

毕达哥拉斯定理是毕达哥拉斯一个最具代表性的数学成就，关于这一定理的发现还有一个有趣的故事。相传，毕达哥拉斯应邀参加一次豪华聚会，不知道什么原因，大餐迟迟不上桌。善于观察和理解的毕达哥拉斯没有注意这些，而是被脚下规则、美丽的方形石砖所深深吸引，他不是在欣赏它们的美丽而是在思考它们和"数"之间的关系。于是，在大庭广众之下，他蹲在地板上，拿着画笔在选定的一块石砖上以它的对角线为边画了一个正方形，结果惊奇地发现这个正方形的面积恰好等于两块砖的面积和。开始他以为这只是巧合，但当他把两块砖拼成的矩形之对角线做另一个正方形时，这个正方形面积相当于5块砖的面积。这也就是说它等于以两股为边做正方形面积之和。后来，他又做了进一步演算，最终证明了"毕达哥拉斯定理"。

设计意图：让学生通过数学小故事，了解中西方数学文化，感知数学来源于生活，同时感受数学几何图形之美。

（二）学生拼图　证明定理

活动：爱"拼"才会赢

你能将这四个全等的直角三角形拼成一个以斜边 c 为边长的正方形吗?

你能用 a、b 来表示这个边长为 c 的正方形的面积吗?

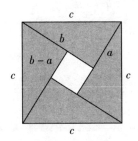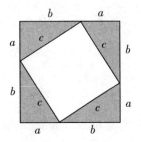

图2

$$\frac{1}{2}ab^4 + (b-a)^2 = c^2$$

$$(a+b)^2 - \frac{1}{2}ab^4 = c^2$$

通过化简，都可以得到 $a^2 + b^2 = c^2$.

设计意图：本环节的两种拼图方法对于学生来讲比较容易，可以让学生通过动手操作，感受由形到数的数学思想。

（三）试一试

1. 给出以下数学学具，让学生动手拼成一个大的正方形。

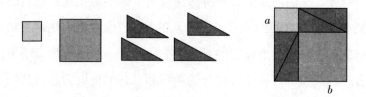

图 3

问题 1：这两个大正方形的边长分别是多少？它们的面积相等吗？

问题 2：观察图 3，分别以直角三角形的三边 a、b、c 为边长的三个正方形的面积之间有什么数量关系？

2. 体验总统证法。

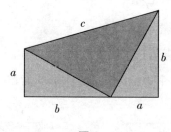

图 4

$$\frac{1}{2}(a+b)(a+b)$$

$$\frac{1}{2}ab + \frac{1}{2}ab + \frac{1}{2}c^2 = \frac{1}{2}(a+b)(a+b)$$

设计意图：本环节可以提升学生的空间想象能力，教师在引导拼图结果为正方形时，可以降低学生探究的难度，从而激发学生的探究欲望。

（四）课件动画展示，学生欣赏"青朱出入图"证法

青朱出入图，如图 5 所示。

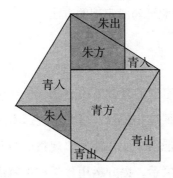

图5

设计意图：让学生在动画中感受东汉末年数学家刘徽根据"割补术"运用数形关系证明勾股定理的几何证明法，欣赏富有东方智慧，特色鲜明、通俗易懂的证明方法。

（五）欣赏美丽的毕达哥拉斯树

毕达哥拉斯树，如图6所示。

图6

设计意图：通过展示毕达哥拉斯树的形成过程，让学生感受几何图形的美.

（六）回顾与反思

1. 在这节验证勾股定理的活动课中，和你的同伴合作了哪些具体活动？

2. 你对哪一个活动的印象最深刻？

3. 你了解了哪些有关勾股定理的知识？

（七）课后思考

1. 参照课本制作一副五巧板，试着利用五巧板来验证勾股定理；

2. 体验画家达·芬奇验证勾股定理的方法。

八、教学反思

本节课主要通过勾股定理的多种证明方法，使学生进一步理解和掌握勾股定理。拼图观察、推理论证这一过程，培养学生探求未知数学知识的能力和方法，培养学生的求异思维能力、认知能力、观察能力和独立实践能力。学生通过合作拼图实验、交流和展示，提升运用数学知识解决问题的能力。本节课的成功之处：整节课都是学生自主实验、自主探索、自主完成由形到数的转化，充分发挥了学生的主观能动性。学生的自信心得到培养，个性得到张扬。本节课的不足之处：少数学生在探索过程中参与度不高，教师应该在课前对不同层次的学生提出不同的要求，在分组上应进行合理搭配，让所有学生都参与其中。另外，所有的证明方法都是老师预设好的，其实可以让学生在课前查阅相关资料，自己选择有能力实现的证明方法，这样学生的积极性会更高。

八年级下册第三章第 1 节《图形的平移》[①]

一、知识与技能

1. 通过具体实例认识平移。
2. 能按要求作出简单平面平移后的图形。

二、数学思考

通过观察，思考一个精美的图形是怎样通过平移得到的，鼓励学生主动进行观察、实践、猜想、验证、说理和交流等数学活动，让学生经历知识的形成过程，从而更好地体会平移的应用价值和丰富内涵。

三、解决问题

1. 根据给定的平移前后的图形判断平移的方向和平移的距离。
2. 掌握图形平移的方法，能在方格纸上将简单图形进行平移。

四、情感与态度

体会平移来源于生活，又为创造更美好的生活而服务；渗透爱国主义，增强审美意识。

五、教材分析

本节学习的主要内容是图形的平移，它具有承上启下的作用。学生在七年

---

① 该课在 2015 年江西省"一师一优课、一课一名师"活动中，荣获一等奖。

级已经学习了图形的变换——轴对称，初步积累了一定的图形变换的一些数学经验。在此基础上，教材提供一些图片，鼓励学生探索平移现象的共同特征，动手操作，亲自试验，体验数学活动的乐趣。

六、学校及学生状况分析

八年级学生具有一定的观察能力、分析能力、归纳能力，学习新知识速度快，模仿能力强，具备一定的探索知识自主创新的能力。本节课知识较为简单，可以采取自主学习的模式，让学生课前寻找生活中的平移，发现平移的特点。

七、教学设计

（一）创设情境引入平移的概念

活动一：天空中飞行的飞机；在公路上行驶着的汽车，在笔直的火车轨道上开着的火车；在工厂，产品整齐地在传送带上沿着生产线从一个生产工位流向另一个生产工位，请同学们观察以上几种运动现象，你有什么发现？在运动的过程中，什么在变？什么没有改变？

活动二：探究平移的性质

据上述分析，你能说说怎样的图形运动称为平移吗？

在平面内，将一个图形沿着某个方向移动一定距离，这样的图形运动称作平移。

设计意图：在课题引入过程中，结合学生生活中所熟悉的事例，充分利用学生已有的知识和生活经验，唤起学生的学习兴趣，为接下来的学习作铺垫。

（二）探究平移的性质

观察平移的过程，发现平移的性质。

1. 平移不改变图形的形状和大小，只改变了位置。

2. 经过平移，对应点所连的线段平行且相等；对应线段平行且相等，对应角相等。

设计意图：通过观察发现，学生初步感知平移的特点，培养学生的观察和总结能力。

（三）活动：简单的平移作图

确定一个图形平移后的位置，需要具备的条件是：

① _____，

② _____。

设计意图：在学生运用平移的"二要素"作图过程中，放手让学生自主画图，经历由个人动手到小组讨论再到全班交流这样的完整的实践过程。

（四）练习：环节检测

1. 平移改变的是图形的（　　）

A. 位置　　　　　　　　　　　B. 大小

C. 形状　　　　　　　　　　　D. 位置、大小和形状

2. 经过平移，对应点所连的线段（　　）

A. 平行

B. 相等

C. 平行且相等，也有可能在同一条直线上

D. 既不平行，又不相等

3. 经过平移，图形上每个点都沿同一个方向移动了一段距离，下列说法正确的是（　　）

A. 不同的点移动的距离不同

B. 既可能相同也可能不同

C. 不同的点移动的距离相同

D. 无法确定

设计意图：通过简单的选择题，让学生再次回顾平移的性质，加深印象。

（五）测试：环节测试

1. 如图 1 所示，把 $\triangle ABC$ 平移到 $\triangle A'B'C'$ 的位置，平移距离为 3.5 cm，如果 $\angle B = 30°$，$\angle A = 74°$，$AB = 4$ cm，$AC = 2$ cm，$BC = 5$ cm.

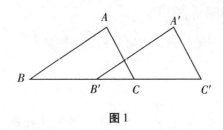

图 1

(1) $\angle A'B'C' =$ _____;

(2) $\angle A' =$ _____;

(3) $\angle C' =$ _____;

(4) $A'B' =$ _____.

2. 如图 2 所示，一块白色正方形板，边长 18 cm，上面横竖各两道红条，红条宽都是 2 cm，问白色部分面积是多少？

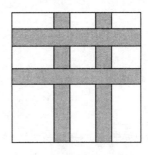

图 2

设计意图：通过练习，运用平移的性质解决实际问题。

（六）图形欣赏

1. 图 3 是通过平移形成的一个图案，它是由若干个小人形状的图案拼成的，你能用平移分析这个图案是如何形成的吗？

图 3

2. 请同学们在组内秀出利用平移知识设计的美丽图案，组内小伙伴相互欣赏图案。

设计意图：本环节重点培养学生的审美意识，让学生大胆展示自己的作品，提高自信心。

（七）小结

本节课学习了平移的性质及简单运用，并会用平移性质作图。

（八）作业

习题 3.1。

八、教学反思

在本节课的讲授过程中主要在于让学生经历个体观察、小组探究、应用的整个过程，通过自己的动手操作发现问题、解决问题，从而深刻地认识问题，充分体现了课堂的互动性。学生在学习的过程中有很强的参与意识，我把握住这一特点，利用投影让他们自己上台操作，方便而又快捷地实现了教学目标，培养了学生的交流合作能力。不足之处是在教学过程中稍有欠缺，不能做到关注每一个学生，对学生提出的问题没有很好解决，每名学生都用心设计了平面图形，欣赏的面不够，有的学生没有展示的机会。

八年级下册第六章第 1 节《平行四边形的性质》①

一、本课时教材地位的分析

本节课是北师大版《数学》八年级下册第六章第 1 节的第一课时，是在学习了平行线、全等三角形、中心对称等知识的基础上，对平行四边形概念以及对边、对角的性质进行的探究，是证明线段、角相等的有力工具，同时为今后学习特殊的平行四边形打下坚实的基础。

二、教学对象的学情分析

在小学的基础上，学生对平行四边形的概念已有了部分了解，可以利用三角形全等的知识引导学生进一步推导和系统掌握平行四边形的性质。

三、教学目标

1. 知识目标：让学生理解并运用平行四边形的定义及对边、对角的性质。

2. 能力目标：在经历探索平行四边形有关定义和性质的过程中使学生理解平行四边形的概念和性质，培养学生根据已有的知识经验动手对平行四边形的性质进行验证并归纳出来的能力。

3. 情感目标：在课堂教学中培养学生的合作意识的同时感受数学美。

---

① 该课于 2015 年获得第五届全国新世纪杯初中数学优质课现场说课评比一等奖。

四、教学重难点

1. 教学重点：理解并运用平行四边形的定义及性质。

2. 教学难点：培养学生猜想、论证的思维方式。

五、教学方法

探索—归纳法。

六、课前准备

1. 以小组为单位，制作若干个全等的三角形。

2. 通过预习，根据平行四边形的定义，每人制作两个全等的平行四边形（利用画平行线的方法）。

3. 准备刻度尺、量角器、大头针等。

七、教学过程

（一）创设情境，感受新图形

用两个全等的三角形纸片，拼成各种不同的平面图形，观察各所拼图形对边的位置关系。拼一拼，看能得到哪些图形？

提问：如何才能达到拼成一个平行四边形的目的？

引子：是不是老师提供的三角形的特殊性决定了可以拼成平行四边形？

剪拼环节：有两个全等的三角形纸片，你能将它们拼成一个平行四边形吗？说说你的拼图过程。

学生活动过程——学生代表叙述剪拼过程。

教师引导学生：（对于重叠的两个三角形，能否通过旋转其中的一个，得到平行四边形？）

将这对三角形纸片重合，找到某一边的中点（如何找中点？）记作点 O，将上层的三角形纸片绕点 O 旋转 $180°$，下层的三角形纸片保持不动，形成一个平行四边形。

（幻灯片中动画展示拼图过程）

探索环节：根据概念从两组对边分别平行来说明它是平行四边形。引导学生运用定理"内错角相等，两直线平行"。

（让学生实际动手操作，可分小组讨论结论）

平行四边形的概念：两组对边分别平行的四边形叫作平行四边形。

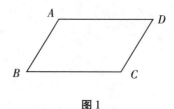

图1

平行四边形的记法：

可记作□ABCD 或□ADCB（顺时针或逆时针方向均可）。

相对（邻）的边——对（邻）边，相对（邻）的角——对（邻）角。

设计意图：问题情境的设立不仅能激发学生的求知欲，还能为学生提供一个探究新知的方向。通过让学生以小组为单位，用两个全等的三角形来拼图，引导学生观察对边的位置关系，从而发现平行四边形的准确定义。

（二）感受新图形"晒晒图片"

请同学们晒晒生活中的平行四边形的图片。

幻灯片展示同学们寻找的运动场的防护网、拉闸门、漂亮的瓷砖图片。

设计意图：让学生们发现平行四边形无处不在．

（三）探索新知"各显神通"

前面我们利用的是用两个全等的三角形拼成一个平行四边形，从而探索了它的定义，请大家观察手上的一个平行四边形，你发现平行四边形对边、对角的数量关系了吗？怎么说明它的数量关系？

提问：这个平行四边形中有哪些相等的角？有没有互补的角？有没有互相平行的线段？有没有相等的线段？

（1）测量法感知；

（2）利用旋转、平移的知识探索平行四边形的性质。

设计意图：引导学生利用平移和旋转规范叙述图形的变换过程。

（3）利用证明三角形全等验证平行四边形的性质。（幻灯片展示作辅助线及证明过程）

设计意图：通过作辅助线，由"全等三角形旋转得到平行四边形"的思路导出"变四边形为全等三角形"，体现数学的转化思想，从而引出对角线的概念。

对角线定义：平行四边形不相邻的两个顶点连成的线段叫它的对角线。

补充提问：平行四边形有几条对角线呢？

归纳平行四边形的性质：

（1）对边平行；（2）对边相等；（3）对角相等；（4）邻角互补。

（四）运用新知"快乐点题"

活动一：快乐点题

（1）如图 2，在 $\Box ABCD$ 中，$\angle B = 56°$，$AB = 25$，$AD = 30$，则 $\angle C =$

_____，$\angle D =$ _____，$CD =$ _____，$BC =$ _____.

（2）平行四边形的周长为 48 cm，两邻边长的比为 3∶1，则这个四边形的相邻两边分别为_____cm、_____cm.

（3）如图 3，在 $\Box ABCD$ 中，$\angle ADC = 125°$，$\angle CAD = 21°$，求 $\angle ABC$，$\angle CAB$ 的度数.

（4）如图 4，在 $\Box ABCD$ 中，BE 平分 $\angle ABC$，$AB = 5$，$AD = 9$，则 $ED =$

_____.

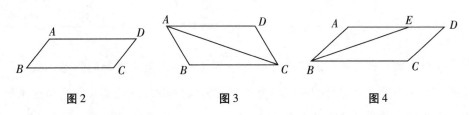

图2　　　　　图3　　　　　图4

活动二：小组自主命题

以小组为单位，以平行四边形的边角关系为命题方向，小组之间互相竞争答题。

设计意图：鉴于本课时知识较为容易，为了提高学生的课堂积极性，培养学生的思维能力，在运用新知环节加入小组自主命题，抢答比拼，更好地突出了应用平行四边形性质的教学重点。为了避免题目过于单一，可以要求学生在命题时添加一至两条线段，再给出题目条件，提出问题。

（五）图形鉴赏"我形我秀"

请同学们展示利用平行四边形设计的美丽图案（播放背景音乐）。

设计意图：通过让学生相互欣赏利用平行四边形设计的美丽图片来感受数学图形的美，提升审美能力。

（六）延伸拓展

问题：小玥和小玟常在一块三角形的草坪上玩耍，一天她们发现了一个有趣的现象：如图 5 草坪△ABC，她们两人同在 D 处，然后小玥沿 AC 的平行线 DE（点 E 在 AB 上）经由 E 点走向 A 处，小玟沿 BA 的平行线 DF（F 点在 AC 上）经由点 F 走向 A 处，当她们两个步行速度一样时，谁先到达 A 点？如果在 BC 边上不断改变 D 点位置（点 B、点 C 除外），在步行速度一样时，还有同样的结论吗？说说你的理由。

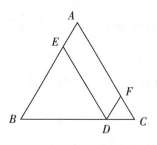

图5

设计意图：这道生活应用题可以进一步提高学生运用新知的能力，主要考查平行四边形对边相等的性质。利用了几何画板演示 D 点的变化，辅助学生解题可以化解"不断改变位置"的难点。

（七）小结

1. 在这节课的学习活动中，你学习到了什么知识和方法，有什么感想和收获？

2. 在学习过程中，你发现自己有想错的地方吗？你对自己哪些表现和想法比较满意？

3. 这节课还有什么问题没有解决呢？提出平行四边形对角连线有什么性质？

（八）作业

1. 课本习题 6.1。

2. 《数学作业本》6.1。

3. A 层：完成教辅资料"能力提升"。

八、教学反思

整堂课能让学生在"动"中学，通过发现、探究来接受新知，注重新旧知识的联动；鼓励学生多角度思考问题，例如利用手中图形发现平行四边形性质、自主命题相互竞争提高学生学习数学的积极性等。

在快乐点题环节缺乏设计，应该给学生提供命题的方向，这样可以在有限的时间里，突出典型题目的练习，还可以让学生见识多种题型。

解题过程中的思维误区是学生学习过程中的相伴产物，是具有特殊教育作用的宝贵的教学资源，我们要善于寻找、开发、利用这些宝贵资源，让学生在纠错、辩论的过程中感悟、自省、领悟方法，引导学生对这些思维误区进行分析，探究产生的原因，促进学生认知能力和情感的发展。

学生在解答与分类讨论相关的习题时，出现漏解、重复甚至错解等情况是在所难免的，教师不应漠视这些问题的存在，反而应抓住时机，变"废"为宝，变错误为资源，并加以有效利用。例如，可将学生出现的错误分类标准作为资源在全班进行展示，然后经过"辨错""析错""纠错""归纳反思"四个环节，让学生对分类讨论的认识逐步升华。同时要求学生将自己的错误记在错题本上，特别是要对自己解题时出现的思维漏洞进行反思，分析自己的错误原因，及时进行归纳总结，并引以为戒，以避免将来再出现类似的错误。

第四章

石芳芳教学设计

七年级上册第二章第9节《有理数的乘方（1）》①

一、教材分析

教材的地位与作用：《有理数的乘方》是北师大版数学七年级上册第二章《有理数及其运算》中第9节内容，是学生学习有理数的加、减、乘、除四种运算后的一个有关有理数的运算，是有理数的一种基本运算。从教材编排的结构上看，共需2个课时，本课为第一课时，是在学生学习了有理数的加、减、乘、除运算的基础上来学习的，它既是有理数乘法的推广与延续，又是后面继续学习科学记数法、有理数混合运算和开方的基础，起到承前启后、承上启下的作用。基于以上分析，我确立本节课的教学重点是：有理数乘方的定义及意义。

二、学情分析

学生的知识技能基础：学生在小学已经学习过非负有理数的乘方运算，并且知道 $a \times a$ 记作 a^2，读作 a 的平方或 a 的二次方。前几节课，学生已掌握了有

---

① 本教案为2020年作者参与的"第八届全国新世纪杯初中数学优质课评比"荣获二等奖的教案。

理数的乘法法则，具备了进一步学习有理数的乘法运算的知识技能基础。进入初中后，由于学生刚学完有理数的加、减、乘、除运算，对许多概念、法则的理解不一定很深刻，容易造成知识的遗忘与混淆。

在知识障碍方面，学生对有理数乘方中相关概念的理解及其符号规律的推导、应用方面可能会有模糊现象，所以在本节课的教学中应予以简单明白、深入浅出的分析。在学生特征方面：由于七年级学生具有好动、好问、好奇的心理特征，所以在教学中应抓住学生这一特征，一方面要运用直观生动的形象，引发学生的兴趣，使他们的注意力始终在课堂上，另一方面要创造条件与机会，让学生发表见解，发挥学生学习的主动性。

学生的活动经验基础：在以往的学习过程中，学生经历了不同类型的数学活动，积累了较为丰富的经验，合作学习的能力和探究学习的意识都有明显的进步，尤其是语言表达能力的提高，为本节课的学习奠定了重要的基础。

基于以上分析，有理数乘方中幂、指数、底数的概念及其相互间关系的理解，归纳和总结出有理数的乘方的相关规律，是本节课的教学难点。

三、教学目标

根据新课标的要求及七年级学生的认知水平，我将制定本节课的教学目标如下：

（一）知识与技能

1. 在现实背景中理解有理数乘方的意义。

2. 掌握有理数乘方的定义，能正确判断指数和底数。

3. 掌握有理数的乘方运算，特别是"符号"的确定。

（二）过程与方法

1. 在生动的情境中让学生获得有理数乘方的初步体验。

2. 培养学生观察、分析、归纳、概括的能力。

3. 经历从乘法到乘方的推导过程、对乘方符号规律的归纳总结、对底数为 1 和 −1 的乘方的结果总结概括，从中感受类比转化、分类讨论、从特殊到一般等数学思想。

（三）情感、态度和价值观

让学生通过观察、推理，归纳出有理数乘方的符号法则、对底数为 1 和 -1 的乘方的结果，增进学生学好数学的自信心；让学生经历知识的拓展过程，培养学生的探究能力与动手操作能力，体会与他人合作交流的重要性。

四、教学过程分析

（一）情境引入·探数学之理

1. 同学们，今年年初新型冠状病毒来势汹汹，紧闭的商场大门，空荡荡的马路，往日的热闹都被病毒藏得严严实实，因为这种病毒会人传人，（出 PPT）据科学家对 8866 例新冠病毒感染者分析，基本传染数为 2 人，我们称 1 个人传染给了 2 人为一级传染；如果不加以控制和预防，被传染的 2 人每人又会去传染其他的 2 人，我们称它为二级传染；如果再不加以控制和预防，被传染的每人又会去传染其他的 2 人，我们称它为三级传染，如此下去——

思考：每级被传染的人数，和传染级数有什么关系？

由于我国防控措施有效，疫情很快得到控制（同时 PPT 展示习近平总书记、钟南山院士、李兰娟院士和全国人民团结抗疫的照片），而某个国家防控不当，发生了一起七级传染，请问第七级传染被传染上人数该怎么表示？假设该国还发生了一起十级传染，请问第十级传染被传染的人数又该怎么表示？

类比小学乘法是加法的简便计算引导 $2 \times 2 = 2^2$，$2 \times 2 \times 2 = 2^3$，

从而转化为 $2 \times 2 \times 2 \times 2 = 2^4$，$2 \times 2 \times 2 \times 2 \times 2 \times 2 \times 2 = 2^7$，

问：$(-2) \times (-2) \times (-2) \times (-2)$ 记作什么？读作什么？

2. 认真观察对比下列各算式，你会有什么发现？

$2 \times 2 \times 2$ 记作＿＿＿＿.

$2 \times 2 \times 2 \times 2$ 记作＿＿＿＿.

$2 \times 2 \times 2 \times 2 \times 2$ 记作＿＿＿＿.

$(-2) \times (-2) \times (-2) \times (-2)$ 记作＿＿＿＿.

相同因数

积的运算

学生自主思考，独立回答问题。小组讨论，大家交流，

得出结论。

3. 类比思考，引出课题

$a \cdot a \cdot \cdots \cdot a$ 可简记为_____，读作_____.

这就是今天我们要讲的内容：有理数的乘方，这节课要讲的是第一课时——乘方的意义。

定义：求几个相同因数的积的运算，叫作乘方。

教师给出示意图，强调各部分名称。乘方的结果叫作幂。

（二）课堂活动·品数学好用

1. 领悟乘方。你能举出有关乘方运算的实例吗？

2. 明晰定义。填空：

① 9^4 中，底数是_____，指数是_____，9^4 表示 4 个_____相乘，读作_____，也读作_____.

② $(-5)^2$ 的底数是_____，指数是_____，表示_____，$(-5)^2$ 读作_____的 2 次方，也读作 -5 的_____.

③ $\left(\dfrac{2}{3}\right)^4$ 表示_____个 $\dfrac{2}{3}$ 相乘，叫作 $\dfrac{2}{3}$ 的_____次方，也叫作 $\dfrac{2}{3}$ 的_____次幂，其中，$\dfrac{2}{3}$ 叫作_____，4 叫作_____.

3. 说出下列乘方的底数、指数及意义。两者有什么不同？

$(-2)^4$ $\qquad\qquad\qquad\qquad$ -2^4

说明：当底数是负数或分数时，一定要用括号把底数括起来。

4. 同桌两个人为一组，每位同学写出 2 个乘方的形式，互换让另一位同学写出相应的底数和指数。

$\left(\dfrac{3}{5}\right)^2$ 与 $\dfrac{3^2}{5}$ 呢？

5. 分析比较。

6. 归纳小结：同学们，回顾刚才我们对这两个问题的分析过程，你觉得在乘方的书写时我们要注意什么？

书写：幂的底数是分数或负数时，底数应该添上括号。

7. 例题 1：计算

(1) $(-3)^4$

(2) $\left(-\dfrac{1}{2}\right)^2$

(3) -2^4

(4) $-\dfrac{3^2}{4}$

8. 练习：计算

(1) 5^3

(2) $-(-2)^3$

9. 例题 2：计算

(1) $(-4)^3$

(2) $(-2)^4$

(3) $\left(-\dfrac{2}{3}\right)^3$

(4) 0^5

（三）课堂活动·新知再探

1. 思考：根据有理数乘法积的符号确定法则，思考：负数幂的符号确定法则？

2. 归纳：负数的奇次幂是负数，负数的偶次幂是正数。正数的任何次幂都是正数，0 的任何正整数次幂都是 0。

3. 抢答：（不计算，判断结果符号）

(1) $(-4)^3$

(2) $(-2)^4$

(3) $(-2)^{2003}$

(4) $(-1)^{10}$

(5) 3^{100}

⑥ 0^{30}

4. 口答：

(1) 1^3

(2) 1^{2008}

(3) $(-1)^8$

(4) $(-1)^{2008}$

(5) $(-1)^7$

(6) $(-1)^{2007}$

5. 规律：

(1) 1 的任何次幂都为 1。

(2) -1 的幂很有规律：-1 的奇次幂是 -1，-1 的偶次幂是 1。

（四）课堂小结·悟数学之美

本节课里你学到了什么？

（1）有理数的乘方的意义和相关概念

书写：幂的底数是分数或负数时，底数应该添上括号。

（2）乘方的性质

① 负数的奇次幂是负数；负数的偶次幂是正数。

② 正数的任何次幂都是正数。

③ 0 的任何正整数次幂都是 0。

（3）乘方的有关运算

① 1 的任何次幂都为 1。

② −1 的幂很有规律：−1 的奇次幂是 −1，−1 的偶次幂是 1。

（五）追逐梦想·叹数学之美

1. 国庆期间热播电影《夺冠》，讲述了中国女排十一连胜的故事，而"女排精神"再次成了"不言放弃，追求梦想"的代名词，到底什么是女排精神？我们来听听中国女排总教练郎平的解说（视频）。

不折不扣地完成任务，是 1 的人生，那么每天努力一点点就是 1.01，一年 365 天，一年下来 1.01^{365}，请同学们拿出计算器算一下 $1.01^{365} \approx 37.78$

每天少做一点点就是 0.99，那么一年下来 $0.99^{365} \approx 1.01^{365} \approx 37.8$，$0.99^{365} \approx 0.03$

2. 同学们，你们有什么感想？

积跬步以至千里，积怠惰以互深渊！

3. 欣赏 $1.02^{365} \approx 1337.4$　$0.98^{365} \approx 0.0006$

感悟：比你努力一点点的人其实已经甩你太远！

（六）作业布置·巩固提升

1. 作业

教科书习题 2.13 第 1—5 题。

2. 补充题

（1）$2 \times (-3)^2 - 4 \times (-3) + 15$

（2）$2\dfrac{1}{4} \times \left(-\dfrac{6}{7}\right) \div \left(\dfrac{1}{2} - 2\right)$

(3) $-2^2 + (-7) \div \left(-\dfrac{7}{4}\right)$

五、教学环境

根据本节课的教学目标、教材内容并结合七年级学生特点和学校教学设备的实际情况，以多媒体为教学平台，采用启发式教学法与师生互动式、小组合作式教学模式。通过设计的问题与活动，不断创造思维兴奋点。一方面要运用多媒体直观生动的形象，引发学生的兴趣，使他们的注意力始终在课堂上；另一方面要创造条件与机会，让学生发表见解，发挥学生学习的主动性。挖掘学生的合作探究意识，培养学生自主学习的能力，充分调动学生的学习热情。

六、课后反思

本课以全球关心的新型冠状病毒会"人传人"引入，创设实际问题情境，让学生理解乘方的意义，同时培养了学生强烈的爱国之情；为了更容易理解乘方和幂的关系，用加减乘除与和差积商作对比；组织学生观察比较一些算式，猜想得到其中的乘方运算法则。教学时，多次提醒学生：底数，指数，意义；负数和分数的乘方在书写时一定要把整个负数（连同符号）、分数用小括号括起来；让学生通过观察特例，自己总结规律。渗透了类比转化思想方法、分类讨论思想、从特殊到一般思想。最后以中国女排教练郎平诠释的"女排精神"引出每天努力一点点即 1.01^{365}，并将其与每天少做一点点进行对比，让学生思想得到了升华！

在学生举例环节一直担心学生不能举出相关实例或举例不当；学生互动环节："同桌两个人为一组，每位同学写出 2 个乘方的形式，互换让另一位同学写出相应的底数和指数。"在下面巡视指导时惊喜发现有一学生举例"5，底数：5，指数：1"，教师及时抓住这一课堂生成，并加以展示和讲解：一个数可以看作它本身的 1 次方。如：2，底数：2，指数：1；7，底数：7，指数：1。在总结"求以 1 和 -1 为底的幂"的规律设计之初就担心学生不能很好地完成从特殊到一般，是否就此打住，犹豫再三，最后还是决定大胆地交给学生，自己从旁适时引导，事实证明学生完成情况比预期出色得多。这除了学生整体素质不错外，还得益于平时课堂的敢于放手及良好的师生关系。

虽然已备过学情，但学生还是会在课堂自然生成一些问题：比如第三位学生在举例细胞分裂时说：1 个分裂成 2 个，2 个分裂成 4 个，4 个分裂成 8 个，8 个分裂成无数个，显然后面这个说法是不对的，但这里的重点是理解乘方的意义，并联系实际举出有乘方的实例，故在此我没有深究也没有指出，以免偏离主题，淡化重点；数学语言一般指"符号语言""图形语言""文字语言"，对于学生数学常用语言，本节课更加注重对"文字语言""符号语言"的渗透；求以 1 和 −1 为底的幂这一环节的设置，是为了培养优生，针对教材第 60 页的"联系拓广"而设计，同时渗透了分类讨论及特殊到一般的数学思想，特别是学生归纳得出了 $1^n = 1$，$(-1)^{2n+1} = -1$，$(-1)^{2n} = 1$，这一式子，面对刚刚升入初一的学生，实属难能可贵。因此学生在此特别说明"n 为正整数"，虽然不准确，但我只是强调复述及时加以指正，并没有特别指出，为了不淡化这节课的主题，个人认为在此不宜深究。

七年级上册第四章第 2 节《比较线段的长短》①

一、教材分析

本节课是北师大版七年级上册第四章"基本平面图形"的第 2 节"比较线段的长短",是平面图形的重要基础知识。学生在第一章"丰富的图形世界"中了解了一些立体的、平面的几何图形,在上一节课也学习了"线段、射线、直线",了解了线段的形象、描述性定义和表示方法。这一节将进一步研究线段的重要的基本性质和比较方法。

二、学情分析

1. 学生知识技能基础

学生在小学阶段对线段已经有一定的了解,对线段的长短也有感性认识,初中阶段也已经学习了丰富的图形、线段、射线、直线等基本知识,知道了线段的描述性概念和表示方法,为深入学习线段的相关知识做好了铺垫。

2. 学生活动经验基础

在小学阶段,教材为学生提供了大量生动、有趣的现实情境,通过观察、测量、画图等活动,学生获得了知识,积累了一定的数学活动经验,具备了合作交流和探究的能力,为本节课的探索活动奠定了很好的基础。

三、教学任务分析

本课时的教学内容安排,首先是问题引入:"从 A 到 C 的四条道路,哪条

① 本教案为 2020 年疫情防控期间由江西省教育厅组织的"赣教云"中小学线上公开教学的教案。

最近?"直接让学生从图和形的角度感受到现实生活中所蕴含的最本质的"直线距离最短"的性质,并和学生一起得出"线段"性质,并提出"两点之间的距离"的定义。然后引出比较两条线段的大小的必要性,让学生充分思考和交流比较方法和策略,重点突破比较方法;从在"叠合法"中使用的工具自然引出用尺规作线段,并进一步作出线段的和、差,最后运用所学解释和解决实际问题。

鉴于学生的认知水平和几何方法的才起步,教学中要始终遵循学生主动学习的原则,低起点、多铺垫,给足时间思考、动手操作,通过丰富的活动让学生经历数学知识的获得与应用过程,学习几何策略方法,同时采用多媒体辅助教学拓展学生的思维,初步培养学生数学语言的规范性。

在具体的教学中可以参照教科书创设的"两棵树的高矮""两根铅笔的长短"等情景图,结合"学生的身高比较方法"等充分创设情境,极大丰富数学学习素材,充分调动学生学习热情进行主动的学习探究。

根据以上分析,确定本节课的教学目标如下:

(1)知识与技能目标:借助具体情景中了解"两点之间线段最短"的性质;能借助尺、规等工具比较两条线段的大小;能用圆规作一条线段等于已知线段;理解线段的中点,掌握线段中点的相关计算。

(2)过程与方法目标:通过思考想象、合作交流、动手操作等数学探究过程,了解线段大小比较的方法策略,学习开始使用几何工具操作方法,发展几何图形意识和探究意识。

(3)情感与态度目标:在解决问题的过程中体验动手操作、合作交流、探究解决的学习过程,激发学生解决问题的积极性和主动性。

四、教法与学法分析

由于是网上教学,面对授课时没有学生的局面,本节课采用启发式教学,并采用传统教学与现代技术相结合的手段进行辅助教学。

(1)运用传统教学手段,可以在黑板上自如地帮助学生分析解题的思路与解题的方法,培养学生合情推理能力;

（2）运用 PPT 的现代技术能更好地帮助学生理解测量法、叠合法，用尺规作一条线段等于已知线段，及中点的相关计算，培养学生演绎推理能力、分类讨论思想等，并能适当增大课堂的容量。

五、教学过程分析

第一环节：情境导入，适时点题

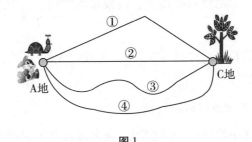

图1

（1）老师用多媒体出示一张图片，讲新龟兔赛跑故事，让学生猜测"从 A 到 C 的四条道路，哪条最短？"（学生发言，易于得出线段 AC 最短）

发现结论：两点之间的所有连线中，线段最短。简述为：两点之间线段最短。

顺利地引出定义：两点之间线段的长度，叫作这两点之间的距离。

（2）你能解释图中的现象吗？

图2

（3）教科书上"议一议"内容。

怎样比较两棵树的高矮？怎样比较两根铅笔的长短？怎样比较窗框相邻两边的长短？

图3

怎么比较？（学生自由发言）

教师点明课题：把两棵树的高度、两根铅笔的长、窗框相邻两边的长看成两条线段。

怎么比较它们的长短？你有哪些方法？（教师准备好铅笔和窗框模型及软尺圆规等工具）

（板书课题：4.2 比较线段的长短）

目的：利用生活中可以感知的情境，极大激发学习兴趣，使学生感受生活中所蕴含的数学道理。让学生感受从实际问题中抽象出所要比较的线段大小的过程。

效果：在具体问题中设问，在解答问题中形成认知冲突，激发学生解决问题的热情。

第二环节：问题探究，形成策略

（1）归纳方法策略，同时多媒体课件展示。

方法一：目测法。如果两条线段的长短相差很大，就可以直接观测进行比较，但可能会被视觉误差影响。

方法二：测量法（工具：软尺或刻度尺等）——从数的角度进行比较。

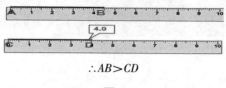

$\therefore AB > CD$

图4

方法三：叠合法（工具：细绳或圆规等）——从形的角度进行比较。

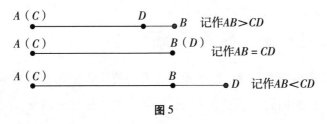

图 5

（2）随堂练习，即学即用。

课本 112 页习题 4.2 第一题第一幅图，教师在黑板上画出图，留给学生适当时间思考后再展示出不同方法。

思考：你认为哪种方法自己比较得顺手，快一些？

如果采用叠合法，怎么实现线段的转移呢？（引出下一环节）

第三环节：动手操作，探索新知

用无刻度的直尺和圆规作一条线段等于已知线段。

（1）教师讲解：尺规作图的概念。

（2）学生活动：用尺规作一条线段等于已知线段。（师示范，生同步模仿）

师演示，归纳出三步骤：①画出射线；②度量已知线段；③移到射线上。

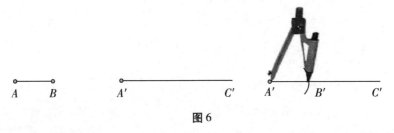

图 6

（师写出作图语言）

教师再问：你能用尺规作一条线段等于已知线段的 2 倍吗？（师示范，生同步模仿）

（3）收获新知。

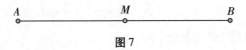

图 7

教师利用黑板上学生作出的图，介绍线段中点的相关概念，规范几何语言的书写。

$$AM = BM = \frac{1}{2}AB \text{ 或者 } AB = 2AM = 2BM$$

要求：教师作图要规范，作图顺序、痕迹要让学生充分感知体会，不要求学生写作法，只要他们知道怎么作图，并能大致描述出来即可，但教师的示范要规范。

目的：让学生自己在动手操作中去真正地感受用尺、规作图，并开始有作图痕迹意识，即让别人看清楚你的作图方法。

让学生对"作一条线段等于已知线段"充分感受和体会，强调作图顺序的正确，但不作过高要求，保持学生的兴趣。利于学生后期的尺、规作图，这样也能符合学生的年龄特点和认知特点，学生对知识的产生体验深刻、理解深刻。

用尺规作一条线段等于已知线段，其实就是"叠合法"的具体运用。

效果：对于上述的作图过程，学生理解起来并无大碍。

第四环节：小试牛刀，应用新知

（1）如图 8，△ABC 中，你能说出线段 $AB + BC$ 与线段 AC 哪一条更长吗？你用什么方法比较？能够不用工具比较吗？

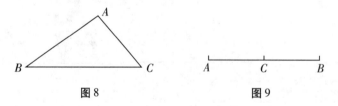

图 8   图 9

（2）如图 9，下列说法，不能判断点 C 是线段 AB 的中点的是（　　）

A. $AC = CB$ B. $AB = 2AC$

C. $AC + CB = AB$ D. $CB = \frac{1}{2}AB$

（3）课本 111 页"做一做"。

在直线 l 上顺次取 A，B，C 三点，使得 $AB = 4$ cm，$BC = 3$ cm，如果 O 是线段 AC 的中点，求线段 OB 的长度.

（4）拓展：在直线 l 上取 A，B，C 三点，使得 $AB = 4$ cm，$BC = 3$ cm，如果 O 是线段 AC 的中点，求线段 OB 的长度.

目的：本环节的目的就是为了检测学生的达标情况和巩固练习，同时第（1）题设置为学生提出了巩固和提高的要求；第（2）题可以巩固两种比较方法和"线段最短"的性质；第（3）题主要是能较为熟练运用。大部分题目设置的出发点仍在于检测本节课所学，但不排除适当难度的设置，所以教师要重鼓励。

效果：鼓励学生独立完成、独自接受挑战的信心，期望达到70%～90%。

第五环节：欢乐课堂，归纳小结

1. **本课知识**

（1）线段公理：两点之间_____最短。

两点之间的距离是指_____。

（2）学习了怎样比较线段的长短。

比较两条线段的大小的方法有_____，_____和_____。

（3）用尺、规作一条线段等于已知线段的步骤是_____。

（4）知道中点的定义，会用几何符号表示线段的中点。

2. **本课典题**

《两点之间线段最短》在实际生活中的应用，线段中点有关的计算。

（同学们，你今天学到的心得有哪些呢?）

第六环节：布置作业，巩固提高

必做题：习题4.2第1题的（2）（3），第2题，第3题；作业本。

选做题：取一个四边形各边的中点并连接成四边形，想一想得到的四边形与原四边形，哪一个的周长大。如是在各边任意取一点呢?

六、教学反思

1. **注重问题情境的设计**

根据七年级学生的年龄特点，本节课的导入采用了"新龟兔赛跑"的故事来吸引学生的兴趣，让学生的思维很快进入课堂，并积极参与课堂。再用一些生活中习以为常的例子来引发问题切入主题，又用学生身边的例子来突进方法的探究。过渡自然，衔接流畅。

2. 关注学生的人文价值和情感态度

通过穿越草坪、钻越护栏等身边不文明现象既分析其成因又教育其文明素养，通过立交桥的图片培养孩子们浓浓的爱国之情。

3. 本课不足之处

在讲解叠合法及用尺规作一条线段等于已知线段时，可以录制小微课插入其中，可以让学生更直观感受，就像是一对一的手把手教学。

因为这是一节无声录像课，全程教师在讲解，没有学生参与互动，也没有给学生探究及反馈的时间，所以若是线下教学，建议增加这一环节。

七年级上册第四章复习课《回顾与思考》①

一、学情分析

本节课是第四章的复习课。学生在本章的各小节中学习了线段、射线、直线和角的基本概念，学习了如何比较线段的大小、如何比较角的大小，对于一些基本的几何图形有了初步的认识。

二、教学任务分析

1. 教学目标

（1）经历观察、测量、折叠、模型制作等活动，发展空间观念。

（2）在现实情境中认识线段、射线、直线、角、多边形、扇形、圆等简单的平面图形，了解其含义及相关的性质。

（3）会进行线段或角的大小比较及有关计算，会进行角的单位间的简单换算。

（4）能用尺规作图，作一条线段等于已知线段。

（5）经历在操作活动中探索图形性质的过程，了解简单图形的性质，发展有条理的思考与表达能力。

2. 教学重难点

（1）教学重点：在现实的生活背景中识别"三线"，掌握线段或角的大小比较的方法，会求线段的长度和角的度数，并能进行简单的说理。

（2）教学难点：对图形性质的理解以及简单的画图，能运用类比法复习线

---

① 本教案为 2020 年疫情防控期间由江西省教育厅组织的"赣教云"中小学线上公开教学的教案。

段和角的大小比较及有关计算。

三、教法及学法指导

本章是初中平面几何的起始章，概念较多，不但要知其然，更要知其所以然，能够多作比较，发现它们的内在联系并作记忆。要运用类比法复习线段和角的大小比较及有关运算，要经常动手去画一些基本图形，在画图过程中领悟并提高能力。同时，注意画出的图形要整洁、美观、大方。

四、教学过程设计

（一）情境导入

各位同学，你们好，今天是 A "三线"、B "角"和 C "平面图形"三位先生竞选的日子，欢迎同学们的参与，请你们做观察团，看看他们谁能获胜。首先了解一下他们的竞选团队。

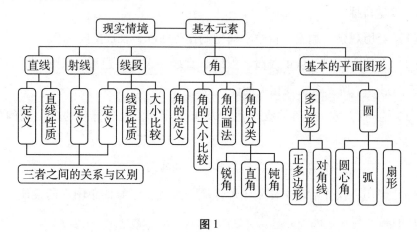

图1

设计意图：在学生充分思考、交流的基础上，帮助学生梳理知识结构，总结各知识点之间的联系，其中三线的概念及性质与角的有关概念及换算是需要加强的要点。

下面有请"三位先生"分别就当选后重点"关注"的问题作演说。

（二）重点知识回顾

1. 直线、射线和线段

（1）基本概念

① "一根拉紧的绳子"可以近似地看作_____，线段有_____个端点，它可以比较_____和度量。

② 将线段向一个方向无限延长就形成了_____，射线有_____个端点，射线不能度量和比较大小。

③ 将线段向两个方向无限延长就形成了_____，直线_____端点，不能度量和比较大小。

④ 两点之间线段的_____叫作两点之间的距离；线段上把线段分成相等的两条线段的点，叫作_____。

（2）表示方法

① 线段的两种表示方法：用_____表示（即线段的两端点）或用_____表示。

② 射线的两种表示方法：用_____表示，其中端点字母必须写在前面，如射线 *OA*，就不能再记作射线 *AO*；用_____表示，如射线。

③ 直线的两种表示方法：用_____表示，没有顺序，如直线 *AB* 或直线 *BA* 表示同一条直线；用_____表示，如直线。

（3）重要结论及性质

① 两点之间的所有连线中，_____最短。

② 经过两点有且只有_____条直线，或者两点确定_____条直线。

③ 比较两条线段长短的方法主要有_____和_____。

2. 角

（1）基本概念

① 角是由两条_____组成的几何图形，这个公共端点我们称为角的_____；角也可以看成是由一条射线_____旋转而成的图形，角的大小与角的两边的长短_____。

② 从一个角的顶点引出的一条射线若把这个角分成两个相等的角，则这条

射线叫作这个角的_____。

（2）表示方法

① 用三个大写英文字母表示，_____必须写在中间。

② 当角的顶点只有一个角时，可用_____个大写字母来表示。

③ 用希腊字母或用_____来表示。

（3）重要结论

① 1 周角 = _____平角 = _____直角 = _____度；1° = _____′ = _____″。

② 类比线段的大小比较，比较角的大小的方法有_____和_____。

3. 多边形及圆

（1）由一些不在同一条直线上的_____依次首尾相连组成的封闭平面图形，叫作多边形，如三角形、四边形、五边形、六边形等都是多边形。

① 各边相等，各角也相等的多边形叫作_____。

② 在多边形中，连接_____两个顶点的线段，叫作多边形的对角线。

（2）在平面上，一条线段绕着它_____旋转一周，另一个端点形成的图形叫作圆，固定的端点称为_____。

① 圆上_____叫作圆弧，简称弧。

② 顶点在_____的角叫作圆心角。

③ 由一条弧和经过这条弧的端点的两条_____所组成的图形叫作扇形。

设计意图：主要通过填空的方式复习本章所学习的相关基本知识，使学生通过这种方式对所学的知识进行及时的巩固，最终达到掌握并灵活应用的目的。

亲爱的选民们，三位候选人介绍得都很详尽、全面，下面有请"三位先生"把今后的工作重点和专题研究作详细介绍。

五、专题研究

专题 1："三线"的概念及性质

例 1 下列语句正确的是（　　　）

A. 画直线 $AB = 10$ 厘米

B. 直线、射线、线段中，线段最短

C. 画射线 $OB = 3$ 厘米

D. 延长线段 AB 到点 C，使得 $BC = AB$

解析：直线、射线的延伸性决定了直线、射线无长度，不能比较大小，故选 D。

温馨提示：本题要求能根据几何语言规范而准确地画出图形。要做到这一点，第一，要读懂这些几何语句；第二，要抓住这些基本图形的共同特点及细微区别。

跟踪练习（选作）：

1. 已知平面内的四个点 A、B、C、D，过其中两点画直线，已知最多可以画 m 条，最少可以画 n 条，则 $m + n$ 的值为 _____.

2. 京沪高铁通车后，乘火车从济南西站出发，沿途经过泰安站、曲阜东站、滕州东站可到达枣庄站，那么从济南西站到枣庄站需要制作的火车票价格有（　　　）

A. 8 种　　　　　　　　　　　B. 9 种

C. 10 种　　　　　　　　　　D. 11 种

设计意图：涉及本专题的内容主要有直线、射线和线段的有关概念，直线的性质及线段的应用等问题，重点考查学生对基础知识和基本技能的掌握情况。此外，本专题还特别注意考查学生发现问题、解决问题的能力。

专题 2：线段长度的计算

例 2　如图 1，已知线段 $AD = 6\ \text{cm}$，$AC = BD = 4\ \text{cm}$，E、F 分别是线段 AB，CD 的中点，求线段 EF 的长.

图 2

解析：因为 $AC = BD = 4\ \text{cm}$，所以 $AB = AD - BD = 6 - 4 = 2$（cm），$CD = AD - AC = 2\ \text{cm}$.

又因为 E，F 分别是 AB，CD 的中点，所以 $AE = \frac{1}{2}AB = 1$ cm，$FD = \frac{1}{2}CD = 1$ cm.

所以 $EF = AD - (AE + FD) = 6 - (1 + 1) = 4$（cm）.

温馨提示：本题将求 EF 的问题转化为求 AE 和 FD 的问题，从而使问题顺利求解，这体现了转化思想。若要正确地解决这类问题，须要理清各线段之间的和、差、倍、分关系。

跟踪练习（选作）：

1. 如果点 C 在线段 AB 上，则下列选项中不能够判定点 C 是线段 AB 中点的是（　　）

A. $AC = \frac{1}{2}AB$ 　　　　　　　B. $AC = BC$

C. $AB = 2AC$ 　　　　　　　D. $AC + BC = AB$

2. 已知 A，B，C 三点在同一条直线上，M，N 分别为线段 AB，BC 的中点，且 $AB = 60$，$BC = 40$，则 MN 的长为_____.

设计意图：求线段的长度是本章的重要题型之一，是初中阶段求线段长度的入门知识，也是中考必考知识点，因此应重点掌握. 解决这类问题，线段的和、差、倍、分是基础，通常利用线段中点的定义，并运用方程、比例等知识来综合解决。

专题 3：角度的换算

例 3（1）将 $68.34°$ 用度、分、秒表示；

（2）将 $13°18'36''$ 用度表示.

解析：（1）因为整数部分是 $60°$，所以需要将 $0.34°$ 化为分，即 $60' \times 0.34 = 20.4'$；再把 $0.4'$ 化为秒，即 $60'' \times 0.4 = 24''$，所以 $68.34' = 68°20'24''$.

（2）将 $13°18'36''$ 用度表示，应先将 $36''$ 化为分，即 $36'' = \left(\frac{1}{60}\right)' \times 36 = 0.6'$，所以 $18' + 0.6' = 18.6'$，再把 $18.6'$ 化为度，即 $18.6' = \left(\frac{1}{60}\right)° \times 18.6 = 0.31°$. 所以 $13°18'36'' = 13.31°$.

温馨提示：角的换算单位是 60 进制，几分几秒化成度，要从秒开始，除以进率60；度化成几分几秒，要从分开始，乘以进率60。

跟踪练习（选作）：

1. 若 $\angle 1 = 25°12'$，$\angle 2 = 15.12°$，$\angle 3 = 25.2°$，则下列结论正确的是（　　）

A. $\angle 1 = \angle 2$　　　　　　　　B. $\angle 2 = \angle 3$

C. $\angle 1 = \angle 2$　　　　　　　　D. $\angle 1 = \angle 2 = \angle 3$

2. 下列单位换算中，错误的是（　　）

A. $\left(\dfrac{3}{2}\right)° = 90'$　　　　　　B. $25° = 900''$

C. $125.45° = 125°25'$　　　　　D. $1000'' = \left(\dfrac{5}{18}\right)°$

设计意图：要求学生掌握角度的换算方法，角度的换算与时间中的小时、分、秒类似，都是60进制，要注意克服十进制的习惯，借一当60，逢60进一。

专题4：角度的计算

例4　如图3，将一副三角板折叠放在一起，使直角的顶点重合于点 O，则 $\angle AOC + \angle DOB = $ _____.

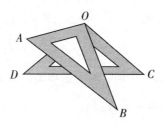

图3

解析：观察图形可知 $\angle AOC = \angle AOD + \angle DOC$，所以可得 $\angle AOC + \angle DOB = \angle AOD + \angle DOC + \angle DOB = \angle AOB + \angle DOC = 90° + 90° = 180°$. 故填180°.

温馨提示：本题可以利用一副三角板，按要求进行操作，进而找到解题的突破口。事实上，本题无论如何按要求叠放，其和总是一个常数，为两个直角的和。

eyn

跟踪练习（选作）：

1. 如图4，已知点 O 是直线 AD 上的一点，$\angle AOB$，$\angle BOC$，$\angle COD$ 三个角从小到大依次相差25°，则 $\angle AOB$ 的度数为_____.

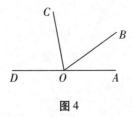

图4

2. 如图5，已知 $\angle AOB = \angle COD = 90°$，$\angle AOD = 5\angle BOC$，则 $\angle BOC$ 的度数为_____.

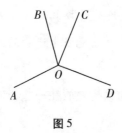

图5

设计意图：角同线段一样，都是平面几何的基础，角的计算通常离不开如下知识点：周角，平角，直角，角的平分线，角的和、差、倍、分，以及方程等，解决这类问题，通常是在认真审题的基础上，将有关知识融为一体来解决。

专题5：与多边形、圆有关的计算

例5 如图6，若扇形 DOE 与扇形 AOE 的圆心角的度数之比为1∶2. 求这五个圆心角的度数.

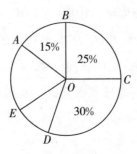

图6

解析：扇形 AOB 的圆心角度数为 $360° \times 15\% = 54°$；

扇形 BOC 的圆心角度数为 $360° \times 25\% = 90°$；

扇形 COD 的圆心角度数为 $360° \times 30\% = 108°$；

扇形 DOE 的圆心角度数为 $\left(360° - 54° - 90° - 108°\right) \times \dfrac{1}{1+2} = 36°$；

扇形 DOE 的圆心角度数为 $\left(360° - 54° - 90° - 108°\right) \times \dfrac{1}{1+2} = 72°$.

温馨提示：用扇形圆心角所对应的比去乘以 $360°$，即可求出相应扇形圆心角的度数。

跟踪练习（选作）：

1. 在一个直径为 6 cm 的圆中，莉莉画了一个圆心角为 $120°$ 的扇形，则这个扇形的面积为（　　　）

A. π cm^2 B. 2π cm^2

C. 3π cm^2 D. 6π cm^2

2. 小敏测得正六边形的一个内角为 $120°$，则其余五个角的和为_____.

设计意图：生活中有很多图形都是由我们熟悉的平面图形组成的，如果我们用"数学的眼光"观察周围的世界，就会感受到数学无处不在。在本章中与圆有关的计算，主要是计算圆心角的度数和扇形面积问题，题目一般比较简单。

专题 6：数几何图形的个数

例 6　如图 7，在锐角 $\angle AOB$ 内部，画 1 条射线，可得 3 个锐角；画 2 条不同射线，可得 6 个锐角；画 3 条不同射线，可得 10 个锐角；……照此规律，画 10 条不同射线，可得锐角_____个.

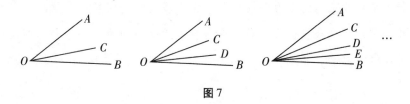

图 7

解析：先探究一般规律：在锐角 $\angle AOB$ 内部，画 1 条射线有 $1 + 2 = 3$ 个角；画 2 条不同射线有 $1 + 2 + 3 = 6$ 个角；画 3 条不同射线有 $1 + 2 + 3 + 4 = 10$ 个角；

画 4 条不同射线有 $1+2+3+4+5=15$ 个角；……所以在锐角 $\angle AOB$ 的内部，画 10 条不同射线，可得锐角的个数为：$1+2+3+\cdots+10+11=66$（个）。故填 66。

温馨提示：从简单情形入手，可类比得到一般性的规律：在锐角 $\angle AOB$ 的内部，画 n 条不同的射线，可得锐角的个数为：$1+2+3+\cdots+n+(n+1)=\dfrac{1}{2}(n+1)(n+2)$。

跟踪练习（根据授课时间选作）：

1. 在同一平面内，三条直线两两相交，最多有 3 个交点，那么 4 条直线两两相交，最多有_____个交点，8 条直线两两相交，最多有_____个交点.

2. 观察下列图形，填写下表：

    …

图 8

表 1

多边形	四边形	五边形	六边形	七边形	n 边形
从一个顶点引对角线的条数	1		3		
多边形被对角线分成的三角形的个数		3		5	

设计意图：数几何图形的个数在本章主要涉及两个问题：①数线（包括线段、射线、直线）的条数；②数角（通常指小于平角的角）的个数。解决这类问题通常是根据题意，画出图形，借助图形，采用"由特殊到一般"的方法，探寻规律。

从三位候选人的陈述中可以看出，他们是最能够时刻为选民们着想并全心全意服务的，现在开始投票……

六、课时小结

在本章中，需要注意的问题有：

（1）对线段、射线、直线的概念理解不透，出现延长直线或延长射线之类的错误；在表示射线时，没有把端点放在前面；数线段或直线的条数时，方法不当出现数重或漏数的现象。连接两点间线段的长度，叫作这两点的距离。这里应注意线段与距离的区别，距离是线段的长度，是一个量；线段则是一个图形，它们之间是不等同的。

（2）角的顶点处有几个角时，不能用一个大写字母表示；要注意平角与直线的区别，平角可以度量，它的大小是 180°，直线不可以度量；平角有一个顶点和两条边，直线则没有。

（3）误认为"各边相等的多边形是正多边形"，或不能正确理解弧与扇形的概念。

设计意图：正常上课时小结由学生发言，为他们提供一个互相交流的平台，让学生养成反思与总结的习惯，并揭示学习中遇到的常见误区，做到防患于未然. 由于本节课是无声录像课，所以由老师小结。

七、作业设计

必做作业：数学作业本《回顾与复习》。

选做作业：

1. 如图 9，已知线段 $AB = 4$，点 O 是线段 AB 上的点，点 C，D 分别是线段 OA，OB 的中点.

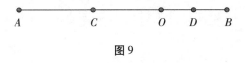

图9

（1）求线段 CD 的长.

（2）若点 O 运动到线段 AB 的延长线上，其他条件不变，求线段 CD 的长.

2. 如图 10，O 是直线 AB 上一点，已知 $\angle AOC = 50°$，OD 平分 $\angle AOC$，

$\angle DOE = 90°$.

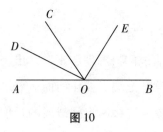

图 10

（1）请你数一数，图中小于平角的角有_____个.

（2）求 $\angle BOD$ 的度数；

（3）试判断 OE 是否平分 $\angle BOC$，并说明理由.

八、教学反思

1. 根据七年级学生的年龄特点，本节课的导入采用了三位先生"竞选"的故事来吸引学生的兴趣，让学生很快能进入角色，思维能很快被代入课堂，并积极参与课堂。

2. 本章涉及的概念以及常见作图术语比较多，复习时要认真搞清概念及性质的含义，要咬文嚼字仔细推敲，领会图形的表示方法，体会几何语言的严谨性。

3. 用处理线段问题的类似方法来解决角的问题，可以促进问题的转化；用类比推理法解决数学问题，可以帮助同学们由已建立起的知识结构来构造新的知识结构。

4. 几何题一般都附有示意图，其目的不仅增加题目的直观性，还防止理解上产生歧义。在计算线段的长度、角的度数时，对于无图题，让学生明确：当所画的图形不唯一时，要注意分类讨论，考虑周全，唯有如此，才会得到全面而又正确的答案。

七年级上册第四章复习课《线段与角计算中的思想方法》①

一、学情分析

本节课是第四章的关于线段与角计算习题课。学生在本章的各小节中学习了线段和角的基本概念，且掌握了一些简单的线段与角的计算，这节课从思想方法上对线段与角计算的综合题进行分析、讲解、归纳、渗透，提升学生的数学运算核心素养。

二、教学任务分析

1. 教学目标

（1）方程思想在线段或角的计算中的应用。

（2）分类讨论思想在线段或角的计算中的应用。

（3）整体思想及从特殊到一般思想在线段或角的计算中的应用。

2. 教学重点

数学思想方法在线段或角的计算中的应用。

3. 教学难点

分类讨论思想的应用。

三、教法及学法指导

由于这是节网上课程，授课时没有学生，故本节课采用传统教学法与现代

① 本教案为 2020 年疫情防控期间由江西省教育厅组织的"赣教云"中小学线上公开教学的教案。

技术相结合进行教学。

（1）运用传统教学手段，可以在黑板上自如地帮助学生分析解题的思路与解题的方法，培养学生合情推理能力，将学生一步步引入主题。

（2）运用 PPT 的现代技术能更好地帮助学生理解方程思想、分类讨论思想、整体思想及从特殊到一般思想在线段或角的计算中的应用，培养学生思维能力，渗透提升学生的数学运算核心素养，并能适当增大课堂的容量。

四、教学过程设计

（一）典例精讲

例1 如图1所示，线段 AB 上有两点 M，N，点 M 将线段 AB 分成 $2:3$ 两部分，点 N 将线段 AB 分成 $4:1$ 两部分，且 $MN = 8$，则线段 AM，NB 的长各是多少？

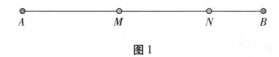

图1

解析：依题意，设 $AM = 2x$，那么 $BM = 3x$，$AB = 5x$.

由 $AN:NB = 4:1$，得 $AN = 4x$，得 $NB = x$，

因为 $AN - AM = MN$，即 $4x - 2x = 8$，

解得 $x = 4$，所以 $AM = 2x = 8$，$NB = x = 4$.

例2 已知点 A，B，C 在同一条直线上，且 $AC = 5$ cm，$BC = 3$ cm，M，N 分别是 AC，BC 的中点.

（1）画出符合题意的图形；

（2）依据（1）中的图形，求线段 MN 的长.

解析：①点 B 在线段 AC 上，如图2所示；

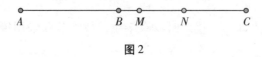

图2

点 B 在线段 AC 的延长线上，如图3所示.

图3

②如图2 当点 B 在线段 AC 上时,

由 $AC = 5$cm, $BC = 3$ cm, M, N 分别是 AC, BC 的中点,

得 $MC = \frac{1}{2}AC = \frac{5}{2}$ cm, $NC = \frac{1}{2}BC = \frac{3}{2}$ cm,

$MN = MC - NC = \frac{5}{2} - \frac{3}{2} = 1$ cm.

如图3，当点 B 在线段 AC 的延长线上,

同理可得 $MC = \frac{5}{2}$ cm, $NC = \frac{3}{2}$ cm,

$MN = MC + NC = \frac{5}{3} + \frac{3}{2} = 4$ cm.

综上所述，线段 MN 的长为 1 cm 或 4 cm.

例3 （1）已知 $\angle AOB = 90°$, OC 是射线, $\angle BOC = 30°$, OM 平分 $\angle AOC$, ON 平分 $\angle BOC$, 求 $\angle MON$ 的度数;

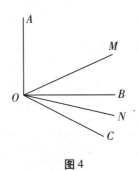

图4

（2）若（1）中 $\angle AOB = \alpha$, 其他条件不变, 求 $\angle MON$ 的度数;

（3）若（1）中 $\angle BOC = \beta$, 其他条件不变, 求 $\angle MON$ 的度数;

（4）从（1）（2）（3）的结果中能看出什么规律?

解析：（1）①如图4，因为 OM 平分 $\angle AOC$, ON 平分 $\angle BOC$,

所以 $\angle MOC = \frac{1}{2}\angle AOC = \frac{1}{2} \times (90° + 30°) = 60°$, $\angle NOC = \frac{1}{2}\angle BOC = \frac{1}{2}$

$\times 30° = 15°$，

所以 $\angle MON = \angle MOC - \angle NOC = 45°$；

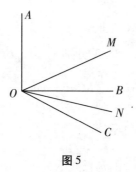

图5

如图5，因为 OM 平分 $\angle AOC$，ON 平分 $\angle BOC$，所以 $\angle MOC = \frac{1}{2}\angle AOC = \frac{1}{2} \times (90° - 30°) = 60°$，$\angle NOC = \frac{1}{2}\angle BOC = \frac{1}{2} \times 30° = 15°$，所以 $\angle MON = \angle MOC - \angle NOC = 45°$；

（2）如图4，因为 OM 平分 $\angle AOC$，ON 平分 $\angle BOC$，

所以 $\angle MOC = \frac{1}{2}\angle AOC = \frac{1}{2} \times (\alpha° + 30°) = \left(\frac{\alpha}{2} + 15\right)°$，$\angle NOC = \frac{1}{2}\angle BOC = \frac{1}{2} \times 30° = 15°$，所以 $\angle MON = \angle MOC - \angle NOC = \left(\frac{\alpha}{2}\right)°$；

如图5，因为 OM 平分 $\angle AOC$，ON 平分 $\angle BOC$，所以 $\angle MOC = \frac{1}{2}\angle AOC = \frac{1}{2} \times (\alpha° - 30°) = \left(\frac{\alpha}{2} - 15°\right)°$，$\angle NOC = \frac{1}{2}\angle BOC = \frac{1}{2} \times 30° = 15°$，所以 $\angle MON = \angle MOC + \angle NOC = \left(\frac{\alpha}{2}\right)°$；

（3）如图4，因为 OM 平分 $\angle AOC$，ON 平分 $\angle BOC$，所以 $\angle MOC = \frac{1}{2}\angle AOC = \frac{1}{2} \times (90° + \beta°) = \left(45 + \frac{\beta}{2}\right)°$，$\angle NOC = \frac{1}{2}\angle BOC = \times \beta° = \left(\frac{\beta}{2}\right)°$，所以 $\angle MON = \angle MOC - \angle NOC = 45°$；

如图5，因为 OM 平分 $\angle AOC$，ON 平分 $\angle BOC$，所以 $\angle MOC = \frac{1}{2}\angle AOC =$

$$\times\ (90°-\beta°) = \frac{90-\beta}{2}\Big)°, \quad \angle NOC = \frac{1}{2}\angle BOC = \frac{1}{2}\times\beta° = \left(\frac{\beta}{2}\right)°, \quad 所以 \angle MON =$$

$$\angle MOC + \angle NOC = 45°;$$

（4）从（1）（2）（3）的结果能看出规律：$\angle MON = \frac{1}{2}\angle AOB.$

（二）随堂练习

练习1 已知 $\angle AOB = 90°$，OC 是它的一条三等分线，则 $\angle AOC =$ _____.

解析：

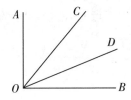 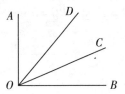

图 6

$$\angle AOC = \frac{1}{3}\times 90° = 30° \qquad\qquad \angle AOC = \frac{2}{3}\times 90° = 60°$$

练习2 已知线段 $AB = 6$ cm，在直线 AB 上画线段 $BC = 4$ cm. 若 M，N 分别是 AB，BC 的中点.

（1）求 M，N 之间的距离.

（2）$AB = ac$ m，$BC = b$ cm，$a > b$，其他条件不变，此时 M，N 之间的距离是多少？

解析：（1）当点 C 在线段 AB 的延长线上时，如图7：

$$\underset{A}{\bullet}\quad\quad\underset{M}{\bullet}\quad\quad\underset{B}{\bullet}\quad\underset{N}{\bullet}\quad\underset{C}{\bullet}$$

图 7

因为 M，N 分别是 AB，BC 的中点，所以 $MB = \frac{1}{2}AB$，$BN = \frac{1}{2}BC$. 因为 $AB = 6$ cm，$BC = 4$ cm，

所以 $MN = MB + BN = \frac{1}{2}AB + \frac{1}{2}BC = \frac{1}{2}\times 6 + \frac{1}{2}\times 4 = 5$（cm）.

当点 C 在线段 AB 上时，如图 8.

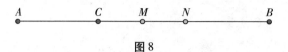

图 8

因为 M，N 分别是 AB，BC 的中点，所以 $MB = \dfrac{1}{2}AB$，$BN = \dfrac{1}{2}BC$，所以

$$MN = MB - BN = \dfrac{1}{2}AB - \dfrac{1}{2}BC = \dfrac{1}{2} \times 6 - \dfrac{1}{2} \times 4 = 1 \ （\text{cm}）.$$

综上所述，线段 MN 的长为 5 cm 或 1 cm.

（2）当 $AB = a$ cm，$BC = b$ cm 时，如图 9，点 C 在线段 AB 的延长线上时，

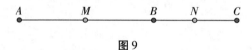

图 9

因为 M，N 分别是 AB，BC 的中点，所以 $MB = \dfrac{1}{2}AB$，$BN = \dfrac{1}{2}BC$，

所以 $MN = MB + BN = \dfrac{1}{2}AB + \dfrac{1}{2}BC = \dfrac{a}{2} \times 6 + \dfrac{b}{4} \times 4 = \dfrac{a+b}{2} \ （\text{cm}）.$

当点 C 在线段 AB 上时，如图 10：

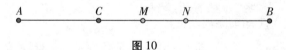

图 10

因为 M，N 分别是 AB，BC 的中点，所以 $MB = \dfrac{1}{2}AB$，$BN = \dfrac{1}{2}BC$，所以

$$MN = MB - BN = \dfrac{1}{2}AB - \dfrac{1}{2}BC = \dfrac{a}{2} \times 6 - \dfrac{b}{2} \times 4 = \dfrac{a-b}{2} \ （\text{cm}）.$$

综上所述，线段 MN 的长为 $\dfrac{a+b}{2}$ cm 或 $\dfrac{a-b}{2}$ cm.

练习 3 如图 11，已知 O 是直线 AB 上的一点，$\angle COD$ 是直角，OE 平分 $\angle BOC$.

（1）若 $\angle AOC = 30°$，求 $\angle DOE$ 的度数；

（2）若（1）中 $\angle AOC = \alpha$（$\alpha < 90°$），直接写出 $\angle DOE$ 的度数（用含 α 的式子表示）.

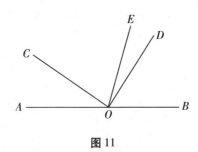

图 11

解：（1）因为 $\angle COD$ 是直角，$\angle AOC = 30°$，

所以 $\angle BOD = 180° - 90° - 30° = 60°$，

$\angle BOC = 180° - 30° = 150°$.

因为 OE 平分 $\angle BOC$，所以 $\angle BOE = \frac{1}{2}\angle BOC = 75°$，

所以 $\angle DOE = \angle BOE - \angle BOD = 75° - 60° = 15°$.

（2）$\angle DOE = \frac{1}{2}\alpha$

解析：因为 $\angle COD$ 是直角，$\angle AOC = \alpha$，

所以 $\angle BOD = 180° - 90° - \alpha = 90° - \alpha$，$\angle BOC = 180° - \alpha$；

因为 OE 平分 $\angle BOC$，所以 $\angle BOE = \frac{1}{2}\angle BOC = 90° - \frac{1}{2}\alpha$，

所以 $\angle DOE = \angle BOE - \angle BOD = \frac{1}{2}\alpha$.

（三）梳理反思

今天我们学了什么？今天的质疑和发现有哪些？今天我们悟到了什么？

学到了：在计算线段或角的问题中，常用方程、分类讨论、整体、从特殊到一般等数学思想。

悟到了：在运用方程思想、整体思想时，通常需要将某些量设为未知数，再用含未知数的式子表示其他未知量，然后用方程或代数式解决问题。

（四）布置作业

1. 巩固性作业（必做）：数学作业本《回顾与复习》。

2. 拓展性作业（建议都做）。

已知线段 $AB = 4$，点 O 是直线 AB 上的点，点 C，D 分别是线段 OA，OB 的中点，求线段 CD 的长.

3. 研究性作业。

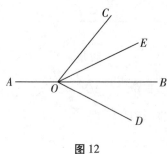

图 12

如图 12，已知 O 是直线 AB 上的一点，$\angle COD$ 是直角，OE 平分 $\angle BOC$，探究 $\angle AOC$ 和 $\angle DOE$ 的度数之间的关系，写出你的结论，并说明理由.

五、教学反思

1. 在运用方程思想、整体思想时，通常需要将某些量设为未知数，再用含未知数的式子表示其他未知量，然后用方程或代数式解决问题。

2. 按照方程思想、整体思想、从特殊到一般思想出发，例题和练习各选择了三道，题量略多，难度略大，怎样更加条理清晰、简明扼要地把知识归纳清楚、讲解明了，让学生易接受、易掌握，还得下苦功反复推敲研磨、归纳总结。

九年级上册第四章第 6 节《利用相似三角形测高》[①]

一、教学内容

利用相似三角形测高。

二、教材分析

本节课的内容是继上节课《探索三角形相似的条件》之后的复习与应用。它将生活中的一些无法直接测量物体高度的实际问题转化成数学问题，利用学生已有的相似三角形的知识，采用不同的方法给予解决，通过对此问题的解决方案的探究，渗透数学识模和建模的思想，从而提高学生解决实际问题的能力，增强应用意识，同时为今后学习三角函数埋下伏笔。

三、学情分析

学生在前几节课的学习中，已初步理解相似三角形的特征，掌握了两个三角形相似的条件，具备利用三角形相似来解决现实世界中的具体问题的基本知识。

四、三维目标

1. 知识与技能

使学生掌握和综合运用三角形相似的判定条件和性质。

[①] 本教案为"2019 年九江市初中数学青年教师优质课大赛"一等奖的教学教案，并于 2020 年 9 月荣获江西省首届数字化中学数学教学能力评比初中组三等奖。

2. 过程与方法

通过测量旗杆的高度，使学生运用所学知识解决问题，以及运用这种方法测得天安门广场旗杆的高度，进一步积累数学活动经验。

3. 情感与态度

通过问题情景的设置，培养学生情操和积极进取精神，增强学生数学学习的自信心，通过交流学习，体现数学解决实际问题的价值。

4. 重点

通过利用三种方法测量旗杆高度，结合应用三角形相似的判定、性质解决实际问题。

5. 难点

通过两次相似解决实际问题。

五、教学过程

（一）创设情境，导入新课

1. 播放新中国 70 华诞天安门广场的升旗仪式视频，全体师生起立一起升国旗唱国歌，在激情澎湃的爱国之情中，引导到求天安门广场旗杆的高度问题，如何求得？顺势放出一张电影《我和我的祖国》中演员黄渤爬上天安门广场旗杆的剧照，引入本节课的学习主题《利用相似三角形测高》，激发学习兴趣。

2. 展示课题《利用相似三角形测高》。

3. 复习：①相似三角形的判定条件。②相似三角形的性质（提问、举手回答、课件展示）。

一道简单相似三角形的性质的应用例题，引导学生归纳："知三推一"（相似三角形两对应边成比例，知道其中三条可以求出最后一条）。

（二）合作探究、解决问题

1. 合作探究

请你选择适当的工具设计测量旗杆高度的方案。

2. 活动

用数学建模和相似三角形的知识设计测量旗杆高度的方案。

3. 要求

（1）写出测量步骤，画出示意图。

（2）说明需要测量的数据有哪些，是否具有可行性。

（3）分析方案的优缺点。

4. 方案展示（各小组方案展示）

方法一：利用阳光下的影子（原理：这是直接运用相似三角形的方法）

具体操作：每个小组选一名同学直立于旗杆影子的顶端处，其他同学分为两组，一组测量该同学的影长，另一组测量同一时刻旗杆的影长。根据测量数据，你能求出旗杆的高度吗？说说你的理由。

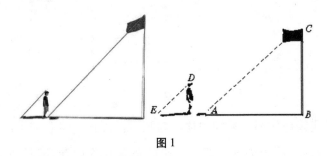

图1

注意问题：在说明两个直角三角形相似的理由时，要用到"太阳光是平行光线"的知识。对此，教师可以向学生做些解释。事实上，由于太阳离我们非常遥远，而且太阳的体积比地球大得多，因此可以把太阳光近似地看成平行光线。另外在计算时还要用到站立者的身高。

（需测量的数据——观测者的身高、观测者的影长、同一时刻旗杆的影长。）

从图1中可以看出人与阳光下的影子和旗杆与阳光下的影子构成了两个相似三角形（如图），即 $\triangle EAD \backsim \triangle ABC$，因为直立于旗杆影子顶端处的同学的身高和他的影长以及旗杆的影长均可测量得出，根据 $\dfrac{EA}{AB} = \dfrac{AD}{BC}$ 可得 $BC = \dfrac{BA \cdot AD}{EA}$，代入测量数据即可求出旗杆 BC 的高度。

方法二：利用标杆（原理：这是间接运用相似三角形的方法）

具体操作：每个小组选一名同学作为观测者，在观测者与旗杆之间的地面上直立一根高度适当的标杆。观测者适当调整自己所处的位置，当旗杆的顶部、标杆的顶端、观测者的眼睛恰好在一条直线上时，其他同学立即测出观测者的脚到旗杆底部的距离以及观测者的脚到标杆底部的距离，然后测出标杆的高。根据测量数据，你能求出旗杆的高度吗？说说你的理由。

注意问题：使用这种方法时，观测者的眼睛必须与标杆的顶端和旗杆的顶端"三点共线"，标杆与地面要垂直。另外计算时还要用到观测者的眼睛离地面的距离。

（需测量的数据——观测者的脚到旗杆底部的距离，观测者的脚到标杆底部的距离、标杆的高等，知道观测者的眼睛离地面的高度。）

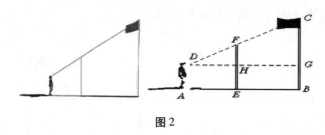

图2

如图2，当旗杆顶部、标杆的顶端与眼睛恰好在一条直线上时，因为人所在直线 AD 与标杆、旗杆都平行，过眼睛所在点 D 作旗杆 BC 的垂线交旗杆 BC 于 G，交标杆 EF 于 H，于是得 $\triangle DHF \backsim \triangle DGC$。

因为可以量得 AE，AB，观测者身高 AD、标杆长 EF，且 $DH = AE$　$DG = AB$，由 $\dfrac{FH}{GC} = \dfrac{DH}{DG}$ 得 $GC = \dfrac{FH \cdot DG}{DH}$，

∴ 旗杆高度 $BC = GC + GB = GC + AD$。

还可以这样做：

过 D，F 分别作 EF，BC 的垂线交 EF 于 H，交 BC 于 M，因标杆与旗杆平行，容易证明 $\triangle DHF \backsim \triangle FMC$，

∴ 由 $\dfrac{MC}{FH} = \dfrac{M}{DH}$　可求得 MC 的长，于是旗杆的长 $BC = MC + MB = MC + EF$。

如果这样的话，测量观测者的脚到标杆底部距离与标杆底部到旗杆底部距离适合同学 A 的做法。这可以减少运算量。

方法三：利用镜子的反射（原理：这是直接运用相似三角形的方法）

具体操作：每个小组选一名同学作为观测者，在观测者与旗杆之间的地面

上平放一面镜子，在镜子上做一个标记。观测者看着镜子来回移动，直至看到旗杆顶端在镜子中的像与镜子上的标记重合。测量所需的数据，根据所测的结果你能求出旗杆的高度吗？说明你的理由。

注意问题：在说明两个直角三角形相似的理由时，要用到光线的"入射角等于反射角"的知识，这是物理学中"反射定律"的知识，若有必要，可向学生作些解释和说明。

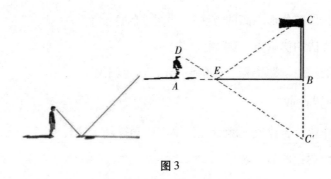

图 3

（需测量的数据——观测者到镜子的距离、镜子到旗杆底部的距离、观测者的身高。）

这里涉及物理上的反射镜原理，观测者看到旗杆顶端在镜子中的像是虚像，是倒立旗杆的顶端 C'，

$\because \triangle EAD \backsim \triangle EBC'$ 且 $\triangle EBC' \cong \triangle EBC$，

$\therefore \triangle EAD \backsim \triangle EBC$，测出 AE，EB 与观测者身高 AD，根据 $\dfrac{AE}{EB} = \dfrac{AD}{BC}$，可求得

$$BC = \frac{EB \cdot AD}{AE}.$$

其他方法：鼓励、引导学生以小组为单位利用相似的知识研讨新的测量方法。

议一议：各种方法的优缺点。

（三）学以致用，巩固提高

1. 学以致用

（1）解决天安门广场旗杆的高度问题（课件展示），学生口述解题过程。

（2）（引导）九江有哪些标志性建筑物？你准备如何去测它的高呢？学生

口述方案。

2. 巩固提高

（1）PK 赛场：设置两道题目（课件展示）。

（2）思维拓展：根据不同类型学生，允许出现不同解法。

注：本题有一定难度，要留给学生充分思考时间。

（四）课堂小结

1. 利用相似三角形测高的方法。（学生归纳）

2. 各种方法的优缺点。（学生总结）

3. 测高的一般解题步骤。（老师引导，学生归纳）

（五）布置作业

1. 小组作业：合作完成测量九江第三中学操场上旗杆的高。（活动）

2. 独立作业：课后习题。

六、教学反思

一开始是带领了四位课代表、班长、学习委员先行预习设计好了测本校操场旗杆高度的方案，经过不断修改后，选择天气较好的课间带上卷尺、标杆、镜子实地测量，并记录相应数据，整个测量过程拍成了视频，在课堂上播放视频给学生，并根据测量的数据计算操场旗杆的高度。但在组织教学时发现学生对相似三角形的性质还不是很熟悉，设计方案的过程形如虚设，且计算难度也较大，没有达到预期教学目标。

于是重新开始设计，当时正值新中国 70 华诞不久，以此为切入点，播放新中国 70 华诞天安门广场的升旗仪式视频及电影中黄渤爬上天安门广场旗杆的剧照，引入本节课题，激发学生学习兴趣。

引出课题后复习：相似三角形的判定条件与相似三角形的性质，引导学生归纳："知三推一"（相似三角形两对应边成比例，知道其中三条可以求出最后一条），为本节新课的知识应用做好准备。

本节课很好地结合了希沃白板 5 的多功能来创设情境，导入课题激发学习兴趣，引导学习动机，引起学生注意，明确学习目的，使他们真正地想学、乐学。

在《利用相似三角形测高》"课堂笔记"中依然用"思维导图"工具归纳总结这节课所探究的测高方法和其的优缺点及一般解题步骤，在回忆总结中整个课堂过程及知识要点都一一浮现在同学的脑海中以加强理解及记忆。

合作探究及方案展示是重要环节。本节课整个探究过程教师都深入到学生当中，在这个过程中，教师不被束缚于讲台和屏幕，而是可以用手机随时完成操作，轻松地走下讲台，走到学生中间，更多地关注学生的学习探究情况，适时地给出意见和建议，既适当地给出了方法和指导，也无形中拉近了师生间的距离。发现成熟的、有亮点的方案，即时手机拍照同步传屏到大屏，待到三种测高方案（利用阳光下的影子、利用标杆、利用镜子）逐一被学生探究完成，请相应方案小组展示探究方案，请同学们共同点评，并一起讨论方案的可行性、需要测量的数据、优缺点等。这样老师直接拍照同步到大屏幕也省去了将作品拿到讲台并且运用投影仪展示的烦琐，还能清晰地一起分享分析、探究的过程并及时指出注意事项、相关问题，归纳总结得到该方法的最优方案。

第五章

熊巧闵教学设计

七年级上册第三章第 5 节《探索与表达规律》[①]

一、学情分析

本节课是本章的最后一节课，从学习内容上说，是在学习了"用字母表示数""列代数式""去括号""合并同类项"等知识的基础上进行的，它既是对前面所学知识的综合应用，也是对这些知识的拓展与延伸，对学生体会数学建模具有重要的作用。

二、教学目标与重难点分析

1. 教学目标

通过规律的探索，培养学生观察、分析、推理、判断、运用的能力，并锻炼学生的思维和创新精神，积累自主探究规律的经验，提高学生合情推理能力和灵活解决问题的能力。

2. 教学重点

在探索规律的活动中，培养学生的数学思维能力，开阔解题思路，学会运

[①] 本教案为 2021 年由中国教育发展战略协会教师发展专业委员会组织的"首届全国中小学数学课堂教学改革论坛暨教学观摩研讨会"活动参赛教案，并荣获二等奖。

用符号表示规律、通过运算验证规律。

3. 教学难点

积累探究规律的解题经验，养成良好的思考习惯，形成系统的解题策略。

三、教学过程

第一环节：引入

大家先观察这样一个数列：0，1，1，2，3，5，8，13，21，34，…你发现它的规律了吗？

学生思考并回答。

小结：斐波那契数列（Fibonacci Sequence），又称黄金分割数列，因数学家莱昂纳多·斐波那契（Leonardo Fibonacci）以兔子繁殖为例子而引入，故又称为"兔子数列"，指的是这样一个数列：0，1，1，2，3，5，8，13，21，34，…在现代物理、准晶体结构、化学等领域，斐波纳契数列都有直接的应用。

设计意图：通过引入问题情境，让学生在思考问题中对数学规律形成初步认识，激发学生的学习兴趣和探究欲望，为本节课做好情感、方法和思维铺垫，同时也让学生初步体验探索规律的方法。

第二环节：认识常见规律

1. 常见符号规律

① + - + - + -…像这样的规律我们可以表示为：＿＿＿＿＿＿＿＿＿

② - + - + - +…像这样的规律我们可以表示为：＿＿＿＿＿＿＿＿＿

2. 常见数字规律

① 1，2，3，4，5…像这样的规律我们可以表示为：＿＿＿＿＿＿＿＿

② 1，3，5，7，9…像这样的规律我们可以表示为：＿＿＿＿＿＿＿＿

③ 3，5，7，9，11…像这样的规律我们可以表示为：＿＿＿＿＿＿＿

④ 2，4，6，8，10…像这样的规律我们可以表示为：＿＿＿＿＿＿＿

⑤ 2，4，8，16，32…像这样的规律我们可以表示为：＿＿＿＿＿＿＿

⑥ 3，9，27，81，243…像这样的规律我们可以表示为：＿＿＿＿＿＿

⑦ 1，4，9，16，25…像这样的规律我们可以表示为：＿＿＿＿＿＿＿

⑧ 2，5，10，17，26…像这样的规律我们可以表示为：＿＿＿＿＿＿

⑨ 2，6，12，20，30…像这样的规律我们可以表示为：＿＿＿＿＿＿

学生思考并回答，老师总结。

设计意图：通过认识上面的常见规律，让学生对数学规律的印象加深，并初步掌握找规律的方法和技巧。

第三环节：合作探究

1. 数字规律探究——数字与字母

例1. 按一定规律排列的单项式：a，$-2a^2$，$3a^3$，$-4a^4$，$5a^5$，$-6a^6$，$\cdots$，第 n 个单项式是＿＿＿＿．

学生思考并回答，如果学生遇到困难，老师可以适当进行提示。

小结：此类题型一般有三部分规律：

① 符号规律：通常是正负号间或出现，常表示为 $(-1)^n$ 或 $(-1)^{n-1}$ 或 $(-1)^{n+1}$．

② 系数绝对值规律：需要根据题目情况而定，常见的有连续的正整数 n，偶数 $2n$ 和奇数 $(2n-1)$ 或 $(2n+1)$，等等。

③ 字母规律：通常呈指数变换，常表示为 a^n 等形式。

练习：按一定规律排列的单项式：$-2a$，$4a^3$，$-8a^5$，$16a^7$，$-32a^9$，$64a^{11}$，$\cdots$，第 n 个单项式是＿＿＿＿．

设计意图：先通过例题总结出数字与字母题型的规律，再利用练习让学生进一步加强对数字与字母规律的认识和运用。

2. 数字规律探究——算式

例2. 给出下列算式：

① $3^2-1^2=8\times1$，

② $5^2-3^2=8\times2$，

③ $7^2-5^2=8\times3$，

④ $9^2-7^2=8\times4$，

……

观察上面一列等式，你能发现什么规律，用代数式来表示这个规律。

学生思考并回答，如果学生遇到困难，老师可以适当进行提示。

小结：先从给出的有限的几个算式入手观察数与数之间的规律及算式本身存在的规律，把等式横向、纵向分别进行比较，找出其中的不变部分与变化部分、数与式子的序号之间的关系，然后找出其中的变化规律。

练习：

观察下列等式：

① $3^2 - 1^2 = 4 \times 2$；

② $4^2 - 2^2 = 4 \times 3$；

③ $5^2 - 3^2 = 4 \times 4$；

④ $(\quad)^2 - (\quad)^2 = (\quad) \times (\quad)$．

填写第 4 个等式，第 n 个等式为_____．

设计意图：先通过例题总结出算式题型的规律，再利用练习让学生进一步加强对算式规律的认识和运用。

3. 循环类规律探究

例 3. 观察下面算式：$3^1 = 3$，$3^2 = 9$，$3^3 = 27$，$3^4 = 81$，$3^5 = 243$，…，用你所发现的规律得出 3^{2020} 的末位数字是_____．

学生思考并回答，如果学生遇到困难，老师可以适当进行提示。

小结：此类题型一般是考查数字的规律变化，我们需要观察、分析、归纳来发现其中的循环规律，再应用规律解决问题。

练习：

若 $a_1 = 1 - \dfrac{1}{4}$，$a_2 = 1 - \dfrac{1}{a_1}$，$a_3 = 1 - \dfrac{1}{a_2}$，$a_4 = 1 - \dfrac{1}{a_3}$，…，则 $a_{2020} = $____．

设计意图：先通过例题总结出循环类题型的规律，再利用练习让学生进一步加强对循环类规律的认识和运用。

4. 图形规律探究

例 4. 按照图 1 的方式排列餐桌，完成表 1：

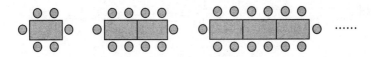

图1

表1

桌子张数	1	2	3	4	5	…	n
可坐人数							

学生思考并回答，如果学生遇到困难，老师可以适当进行提示。

小结：图形中的排列规律都与它所处位置的序号有关，所以解题的切入点是：先把不变的与成倍变化的分离出来，再寻找图形的变化规律与序号之间的关系。

练习：

观察图2，它们是按一定规律排列的，按照此规律，第16个图形共有_____个★.

第1个图形　　第2个图形　　　第3个图形　　　　第4个图形

图2

设计意图：先通过例题总结出图形类题型的规律，再利用练习让学生进一步加强对图形类规律的认识和运用。

第四环节：课堂检测

1. 观察下列一组数：$-\dfrac{1}{3}x^2$，$\dfrac{1}{9}x^4$，$-\dfrac{1}{27}x^6$，$\dfrac{1}{81}x^8$，$-\dfrac{1}{243}x^{10}$，…，它们是按一定规律排列的，那么这一组数的第 n 个数是_____.

2. 观察下列各式：

$$-1 \times \dfrac{1}{2} = -1 + \dfrac{1}{2}, \quad -\dfrac{1}{2} \times \dfrac{1}{3} = -\dfrac{1}{2} + \dfrac{1}{3}, \quad -\dfrac{1}{3} \times \dfrac{1}{4} = -\dfrac{1}{3} + \dfrac{1}{4}$$

（1）猜想：$-\dfrac{1}{100} \times \dfrac{1}{101} =$ _____；（写成和的形式）

（2）你发现的规律是：$-\dfrac{1}{n} \times \dfrac{1}{n+1} =$ _____；（n 为正整数）

（3）用规律计算：$\left(-1 \times \dfrac{1}{2}\right) + \left(-\dfrac{1}{2} \times \dfrac{1}{3}\right) + \left(-\dfrac{1}{3} \times \dfrac{1}{4}\right) + \cdots +$ $\left(-\dfrac{1}{2017} \times \dfrac{1}{2018}\right) + \left(-\dfrac{1}{2018} \times \dfrac{1}{2019}\right)$.

3. 正整数按下图的规律排列，则第 20 行第 21 列的数字是_____.

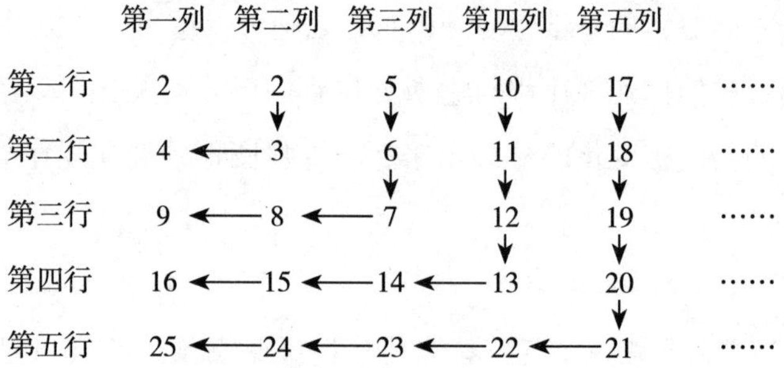

	第一列	第二列	第三列	第四列	第五列	
第一行	2	2	5	10	17	……
第二行	4	3	6	11	18	……
第三行	9	8	7	12	19	……
第四行	16	15	14	13	20	……
第五行	25	24	23	22	21	……

4. 如图 3 所示的图形都由同样大小的小圆圈按一定规律所组成的，若按此规律排列下去，则第 7 个图形中小圆圈的个数为（   ）

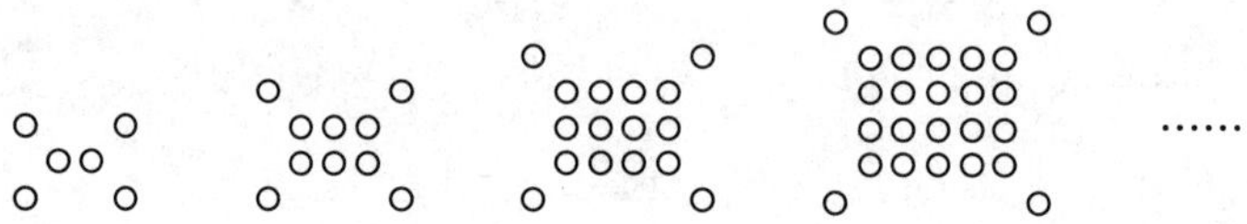

第1个图　　第2个图　　第3个图　　第4个图

图 3

A. 46　　　　　　　　　　　B. 52

C. 56　　　　　　　　　　　D. 60

设计意图：让学生在题目中进一步体会数学规律，并学会运用常见的数学规律来解题。

四、总结归纳

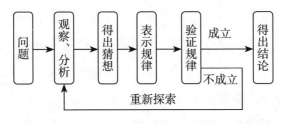

图4

设计意图：让学生通过对全课的回顾帮学生梳理知识体系，归纳学习方法，提升思维层次．另外可以给学生准确、全面表述自己观点的机会，并培养学生及时总结、归纳知识的好习惯。

五、思考题

美国学生的怪题

蓬蓬国王为了获得贫穷老百姓的支持，图一个"乐善好施"的好名声，决定施舍给每个男人1美元，每个女人40美分（1美元等于100美分）。为了不使他花费过多，这位陛下盘算来盘算去，最后想出了一个妙法，决定将他的直升机于正午12时在一个贫困的山村着陆。因为他十分清楚，在那个时刻，村庄里有60%的男人都外出打猎去了。该村庄里共有成年人口3085人，儿童忽略不计，女性比男性多。

请问，这位"精打细算"的国王要施舍掉多少钱？山村里究竟有多少男人、多少女人，题中没有说明，条件残缺不全，这道题能做吗？

设计意图：拓展学生的思维，启发学生在实际生活中发现数学规律，解决数学问题。

六、教学反思

本节课从斐波那契数列的引入开始，调动起了学生的学习兴趣和积极性，对数学规律有了探究欲望。然后让学生认识一些常见的数学规律，作为铺垫，为后面的教学做准备。再通过三种规律题型来帮助学生掌握必要的解题方法和技巧，并用练习来加强学生对它们的掌握和运用。从上课效果来看，绝大部分同学都能掌握几种常见的数学规律，达到了预期目标。

我们在处理教材的时候要灵活把握，在教材的基础上加入自己的理解，尤其要注意结合本班学生的实际情况，以学生为主体，充分思考如何讲解可以让学生更容易掌握本节课的知识点。在这方面我还需要加强，上课时学生出现的问题和提出的想法很多我都没有考虑到，比如在第一次上这堂课时，第二环节是没有的，学生在后面的合作探究中就很难开展，因为很多学生没有总结过这方面的知识点，后来我在课堂上发现了这个问题，经过反思、改进，才有了现在的第二环节。所以大家都需要不断反思总结，学生需要积累解题经验，我们老师同样需要积累授课经验。

八年级上册第五章第1节《认识二元一次方程组》[①]

一、学情分析

学生在七年级上学期已经学了一元一次方程的概念，能做到列一元一次方程解决实际问题，为本节课的学习打下了基础，学生应该有能力通过自学和讨论来列出二元一次方程组，并解决简单的实际问题。

二、教学目标

1. 知识与技能

经历探索情境，了解二元一次方程组及其相关概念，会判断一组数是不是某个二元一次方程组的解。通过参与教学实践活动，积累综合运用数学知识、技能和方法解决实际问题的数学活动经验。

2. 数学思考

经历运用数学符号描述现实世界的过程，体会方程是刻画现实世界的数学模型，培养学生良好的数学应用意识。

3. 问题解决

参与自由思考与小组讨论，培养学生的探讨、分析和解决问题的能力。

4. 情感态度

通过一系列的学习活动，让学生感受方程在解决实际问题中的作用，了解数学的价值，从而对数学产生求知欲。

[①] 本教案于2018年9月荣获九江市初中数学教学设计评比一等奖。

三、教学重难点

1. 教学重点

二元一次方程组的相关概念。

2. 教学难点

理解二元一次方程组的解的含义，能判断并能用正确的形式表达二元一次方程组的解。

四、教法学法

1. 教法分析

本节课我将采用启发式、讨论式相结合的教学方法，以问题的提出、问题的解决为主线，倡导学生主动参与教学实践活动，并借助多媒体进行演示，以增加课堂效率和教学直观性。

2. 学法指导

通过创设情境，让学生以独立思考和相互交流的形式去联想、探索，在教师的指导下发现、分析和解决问题，从而完成对知识的自我建构。

五、教学过程

本节课设计了六个教学环节：第一环节：引入新课；第二环节：讲解新知；第三环节：合作交流；第四环节：练习反馈；第五环节：课堂小结；第六环节：布置作业。

第一环节：引入新课

（1）看视频，回答问题：足球比赛中，胜一场得 3 分，平一场得 1 分，负一场不得分。现在中国足球队进行了 4 场比赛，共得 4 分，问中国队胜几场，平几场，负几场？

让学生先思考、讨论，尝试解答。

设计意图：通过引入视频，吸引学生的注意力，提高学生学习的兴趣，再提出问题，引发学生思考、讨论，为引入二元一次方程做准备。

（2）如果用方程来解，设一个未知数可不可以列出方程？设两个呢？

学生思考、回答，师生总结：设一个未知数是列不出方程的，最少要设两个未知数，可以设甲队胜 x 场，平 y 场，则负 $(4-x-y)$ 场，得到方程：$3x+y=4$。

设计意图：从情境出发，发现已学的一元一次方程不能解决问题，让学生认识到学习二元一次方程的必要性。

（3）观察 $3x+y=4$，这是什么方程呢？它有什么特点？与一元一次方程有什么不同之处？

让学生思考、交流，尝试解答。

设计意图：引导学生将它与已学的一元一次方程作比较，进而请学生尝试给这样的方程命名，仿照一元一次方程的概念给出二元一次方程的定义，让学生更好地理解新知识。

强调：二元一次方程定义中是所含未知数的项的次数是 1，而不是未知数的次数是 1。

第二环节：讲解新知

（1）如图 1，小明买 5 支笔和 3 个笔记本一共花了 19 元，小华买 3 支笔和 2 个笔记本一共花了 12 元，你能求出每支笔和每个笔记本的价格吗？

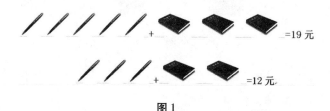

图1

让学生思考回答，可能会有一元一次方程解法，但是会发现，在设一个未知数后，用它来表示另一个未知数和列方程都会比较麻烦。

设计意图：让学生看到一元一次方程的局限性，从而认识到二元一次方程的优越性。

（2）我们能不能像上面一样设多个未知数来列方程呢？

通过学生思考交流，不难得到：设笔和笔记本的单价分别为 x 元、y 元，可

得 $5x+3y=19$ 和 $3x+2y=12$.

设计意图：通过实例列方程，体会方程的模型思想，培养学生良好的符号意识和数学应用意识，同时为引出二元一次方程组的概念做准备。

（3）上面的方程 $5x+3y=19$，$3x+2y=12$ 中的 x 含义相同吗？y 呢？

学生思考、回答，引导学生总结：两个方程中 x 都表示笔的数量，y 都表示笔记本的数量，x、y 的含义分别相同。把这两个方程用大括号联立起来，写成

$$\begin{cases} 5x+3y=19, \\ 3x+2y=12, \end{cases}$$ 从而得出二元一次方程组的概念。

注意：在方程组中的各方程中的同一个字母必须表示同一个量。

设计意图：从实际情境出发，接近学生生活实际，更容易接受二元一次方程组的概念。

第三环节：合作交流

做实验

（1）我们玩一个掷色子的游戏：掷两次色子，两次的点数加起来等于 8 会有哪些情况呢？

图 2

先让学生讨论、交流，然后得出结论：可以发现有很多种情况，两次点数可以分别是 2、6，3、5，4、4，等等。

设计意图：学生参与数学实验，可以提高学生的积极性，培养学生合作探索的能力，并为下面引出二元一次方程的解做准备。

（2）现在我们设两次点数分别为 x 和 y，可以得到什么方程？x、y 取什么值时符合这个方程呢？

学生思考、回答：不难得到二元一次方程 $x+y=8$，并且由（1）问可知 $x=2$，$y=6$ 和 $x=3$，$y=5$ 等都满足 $x+y=8$，根据以前学过的方程的解的定义可以知道 $x=2$，$y=6$ 和 $x=3$，$y=5$ 都是 $x+y=8$ 的解，从而得出二元一次方程

的解的定义并给出正确的书写格式。一般地，二元一次方程有无数个解。

设计意图：通过问题的实际意义找出问题的解来化解本节课难点，同时对比一元一次方程的相关知识，加深学生对概念的理解。

（3）在（1）的条件下，现在要求两次点数要一样，你能发现有几种情况？

学生思考、回答：通过实验，发现只有一种情况符合，两次点数都是4.

（4）由问题（3）可以得到哪些方程？x、y 取什么值时同时符合这些方程呢？

学生思考、回答，引导学生总结：可以得到两个方程，组成一个方程组 $\begin{cases} x+y=8, \\ x=y, \end{cases}$ 并且由（3）可以知道 $x=4$，$y=4$ 时同时符合这两个方程，从而得出二元一次方程组的解的定义并给出正确的书写格式。一般地，二元一次方程组有唯一解。

设计意图：通过数学实验教学，让学生自己去发现数学原理，学会好的学习方法，从而对知识点的理解更深刻。

第四环节：练习反馈

做随堂练习：

以小组为单位，通过计分的形式，自己选择题目来解答，最后通过统计分数产生优胜组。

设计意图：通过这种形式做练习，能够调动学生的积极性，增加课堂趣味性，做到讲练结合，让学生更好巩固新知识，感悟到学习二元一次方程组的必要性和优越性。

第五环节：课堂小结

1. 通过本节课的学习，你学会了哪些知识？

2. 通过本节课的学习，你掌握了哪些数学思想方法？

3. 通过本节课的学习，你最大的收获是什么？

设计意图：引导学生自己小结本节课的知识要点及数学方法，将本节知识点进行回顾以加深学生的印象，同时使知识系统化并养成良好的学习习惯。

第六环节：布置作业

1. 基础

习题 5. 1。

2. 拓展提高

让学生自编有趣的应用题，根据题意列二元一次方程组。

设计意图：发挥学生的主观能动性，提升学生做作业的乐趣，培养学生应用和创新意识。

六、教学反思

本节课从学生感兴趣的情境出发，通过一系列问题和实验来引导学生参与教学活动，增加了学生学习的兴趣和积极性，也为学生的探究指明了方向；再对比一元一次方程的相关概念，让学生类比探究得到二元一次方程的相关概念和特点，可以加深学生的理解。在教学过程中，要注意给学生充分的思考时间和空间，一方面是为了掌握本节课基本的数学知识和思想方法，另一方面是培养学生独立思考和合作交流的习惯。本节课上课的节奏还是快了点儿，还有部分同学没有充分思考，以后的教学要重视这个问题。后面分小组做练习和自编习题，是为了发挥学生的主观能动性，培养他们数学应用意识和创新意识，提高学生的学习能力和综合素质。数学来源于生活，也服务于生活，我们应该多思考如何把课本上的数学知识与实际生活联系起来，也要引导学生把学到的知识应用到实践中去，培养学生在生活中发现数学、运用数学的意识。

八年级下册第三章《回顾与思考》[①]

一、学情分析

本节课是对本章的复习，学生已经学习了图形的平移与旋转的概念和性质，并对它们的运用有了基本的认识，但是对它们与其他知识点的联系与融合还比较生疏，所以本节课的重点是加强学生对相关知识点的进一步运用。

二、教学目标

1. 理解平移、旋转和中心对称的概念，掌握它们的基本性质。

2. 会运用平移、旋转、中心对称的性质作图并解决一些问题。

3. 让学生观察生活中的图形变换现象，引导他们用数学思维去分析，培养学生观察、分析、归纳、概括的数学能力和审美意识。

三、教学重难点

1. 教学重点

（1）梳理、构建本章的知识网络。

（2）运用平移、旋转、中心对称的性质解决问题。

2. 教学难点

旋转和中心对称性质的进一步运用与拓展。

---

① 本教案为 2019 年由教育部组织的"一师一优课、一课一名师"活动的优课教案，并于 2019 年 12 月荣获部级优课。

四、教学过程

(一) 知识梳理

课前先让学生按照自己的理解梳理、构建本章的知识网络，然后师生一起总结本章的知识结构。

1. 平移的概念和基本性质

活动：让学生先看动画，提问学生动画反映了哪种图形变换，从而引出平移，复习平移的概念和基本性质，再通过例题来巩固平移的相关知识。

2. 旋转的概念和基本性质

活动：让学生先看动画，提问学生动画反映了哪种图形变换，从而引出旋转，复习旋转的概念和基本性质，再通过例题来巩固旋转的相关知识。

设计意图：让学生通过知识梳理和例题巩固，掌握本章知识结构，体会知识点的运用。

(二) 能力提升

1. 如图 1，学校有一块长为 20 米、宽为 14 米的草地，要在草地上开一条宽为 2 米的曲折小路，你能用学过的知识求出这条小路的面积吗？

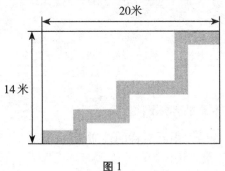

图 1

学生思考，可以交流讨论。

小结：图形的平移可以用来解决不规则图形面积转化问题，可以选择不同的对象进行平移。

设计意图：通过本题让学生把平移与解决实际问题联系起来，加深学生对平移性质的理解和运用。

2. 如图2，把 Rt△ABC 放在直角坐标系内，其中∠CAB = 90°，BC = 5，点 A，B 的坐标分别为（1，0），（4，0），将△ABC 沿 x 轴向右平移，当点 C 落在直线 y = 2x − 6 上时，求线段 BC 扫过的面积.

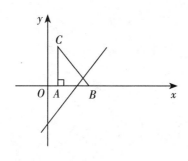

图2

分析：可以运用逐量分析的方法，先分析每个条件得到其对应的结论，然后寻找它们之间的关系，从而进行突破。

设计意图：本题把平移与一次函数联系起来，让学生学会融合这些知识点，把它们结合起来解题。

3. 例1. 如图3，△ABC 中，若 AB = 5，AC = 3，求 BC 边上的中线 AD 的取值范围.

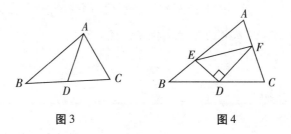

图3　　　　　　　　　图4

受到例1的启发，你将如何解决下面问题?

例2. 如图4，在△ABC 中，D 是 BC 边上的中点，DE⊥DF，DE 交 AB 于点 E，DF 交 AC 于点 F，连接 EF.

① 求证：BE + CF > EF；

② 若∠A = 90°，探索线段 BE，CF，EF 之间的等量关系，并加以证明.

感悟：解题时，条件中若出现两条边相等且它们有公共端点，可以考虑构造以公共端点为旋转中心的旋转图形，把分散的已知条件和所求证的结论集中到同一个三角形中。

设计意图：让学生进一步熟悉、运用本章的知识点，从而突破重点。

（三）知识拓展

已知：如图 5，点 P 是等边 $\triangle ABC$ 内一点，$PA = 2$，$PB = \sqrt{3}$，$PC = 1$，将 $\triangle BPC$ 绕点 B 逆时针旋转 $60°$ 得到 $\triangle BP'A$，连接 PP'.

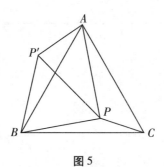

图 5

（1）证明 $\triangle BPP'$ 是等边三角形；

（2）求 $\angle PP'A$ 的度数；

（3）求 $\angle BPC$ 的度数.

小结：让学生继续使用逐量分析，学会分析问题并能找出条件与所求问题之间的联系；在分析过程中可以继续体会旋转使用的条件与目的。

设计意图：通过对本题的思考和探究，提高学生运用旋转性质解决问题的能力，进而突破难点。

（四）课堂小结

你今天的收获是：

（1）巩固了平移、旋转的定义和性质；

（2）运用平移、旋转的性质解题；

（3）对题目中的数学思想和方法进行归纳总结。

设计意图：让学生再次回顾本章的知识结构和知识点间的相互联系，培养他们归纳、概括的能力，并学会查缺补漏，加深理解。

（五）问题思考

1. 如图 6，在 $\triangle ABC$ 中，$\angle ACB = 90°$，$AC = BC$，$\angle EAC = 90°$，点 M 为射线 AE 上任意一点（不与点 A 重合），连接 CM，将线段 CM 绕点 C 按顺时针方向旋转 $90°$ 得到线段 CN，直线 NB 分别交直线 CM，射线 AE 于点 F，D.

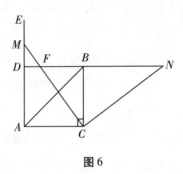

图6

2. 如图 7、图 8，当 $\angle EAC$ 为锐角或钝角时，其他条件不变，（1）中的结论是否发生变化？如果不变，选取其中一种情况加以证明；如果变化，请说明理由.

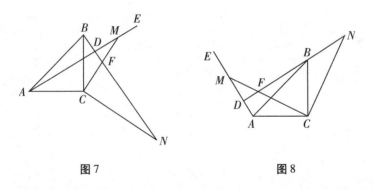

图7　　　　　　　　　　**图8**

设计意图：本题的综合性比较强，对学生运用本章知识点解决问题的能力有很高的要求，同时进一步考查学生是否能把不同知识点联系起来解题。

五、教学反思

本节课首先用动画引入，吸引学生的兴趣，让学生从直观的动画中回忆并梳理知识，避免单纯的死记硬背；然后分层训练，逐步深入，紧扣重难点，加强学生对平移与旋转概念的理解及性质的应用；在讲解题目的过程中，注意引导学生观察、分析问题，帮助学生把握概念的本质特征，着重培养学生观察、分析、抽象、概括的数学能力。最后让学生归纳解题过程中用到的技巧和思想方法，积累经验、加强学生的数学素养。上课时很多学生在思考题目时容易卡壳，这提醒我需要思考怎么设置问题或活动来引导学生思考，越是有难度的题目越需要引导，所以我们上课前要做好充分的准备工作。

平移与旋转是几何中的重要内容，同时作为一种重要的数学思想方法也是近年来中考的考试热点。在没有头绪的时候，运用平移与旋转把分散的条件集中起来，往往可以达到事半功倍的解题效果；但是运用平移与旋转解题对学生的要求比较高，必须要有扎实的数学基础和丰富的解题经验，所以仅仅靠一节课的复习是不够的，老师必须在平时多渗透，把平移、旋转和特殊三角形、四边形等知识点联系起来，拓展学生的思维，加强学生对知识点的融合运用。

第六章

熊欣欣教学设计

八年级上册第五章第1节《认识二元一次方程组》[①]

一、学情分析

学生在前期已经对一元一次方程有了较深入的学习，初步具有提取数学信息、解决实际问题的能力，已经会做比较复杂的应用题。而方程组的引入，实际上是降低了难度，用一个较为简单的方法来做题，所以一定要由浅入深，激发学生的兴趣。

二、教学目标

1. 了解二元一次方程（组）及其解的概念，能判断一组数是否是二元一次方程（组）的解。

2. 通过对实际问题的分析，进一步体会方程是刻画现实世界数量关系的有效数学模型。

3. 通过加深对概念的理解，能够培养学生类比分析和归纳概括的能力。

4. 通过广播操比赛等实际问题，培养学生关注生活、热爱数学的情感。

---

① 本课例是 2015 年 11 月在永修县初中数学教师说课比赛活动中荣获一等奖的教学设计。

三、教学重难点

1. 教学重点：二元一次方程（组）及其解的含义，判断一组数是不是某个二元一次方程（组）的解。

2. 教学难点：理解二元一次方程（组）的解。

四、教学过程

（一）创设情境导入新课

情境1：实物投影，并呈现问题：

在一望无际的呼伦贝尔大草原上，一头老牛和一匹小马驮着包裹吃力地行走着，老牛喘着气吃力地说："累死我了。"小马说："你还累，这么大的个儿，才比我多驮2个。"老牛气不过地说："哼，我从你背上拿来一个，我的包裹就是你的2倍。"小马天真而不信地说："真的?"

同学们，你们能否用数学知识帮助小马解决问题呢？

情境2：我们班共有52人，由于受场地限制，队形特殊，男生和女生共站了8排。其中男生一排8人，女生一排5人。

大家知道男生有几排，女生有几排吗？

思考：

（1）这两个问题能用一元一次方程解决吗？你能列出方程吗？

（2）该问题中，要求的是两个未知数，能不能根据题意直接设两个未知数，使列方程变得容易些呢？

（3）对于（2）中所列出来的四个方程，你觉得是一元一次方程吗？那这四个方程有什么相同点吗？你能给它们命一个名称吗？

（揭示课题）

请每个学习小组讨论。（讨论2分钟，然后发言）

设计意图：通过现实情景再现，拉近了数学与生活的距离，充分调动学生自身的生活体验，感知生活的情趣，让学生知道"数学就在我们身边，人人学习有用的数学"，让学生体会到方程是刻画现实世界的有效数学模型，培养学生良好的数学应用意识。

（二）合作质疑探究新知

探究活动一： 概念思辨，归纳二元一次方程的特征

$x - y = 2$ $\qquad\qquad\qquad$ $x + y = 8$

$x + 1 = 2（y - 1）$ $\qquad\qquad$ $8x + 5y = 52$

上面所列方程各含有几个未知数？所含未知数的项的次数是多少？

含有两个未知数，并且所含未知数的项的次数都是 1 的方程叫作二元一次方程。

二元一次方程具备的三个特征：①含有两个未知数；②含有未知数项的次数都是 1；③都是整式方程。

慧眼识金：

1. 请判断下列方程中，哪些是二元一次方程，哪些不是，并说明理由.

（1）$3x^2 + 2y = 1$ $\qquad\qquad\qquad$ （2）$xy = 1$

（3）$5x - z = y$ $\qquad\qquad\qquad$ （4）$y = 2x$

（5）$\dfrac{1}{m} + n = 2$ $\qquad\qquad\qquad$ （6）$6 - x = 0$

2. 如果方程 $2x^{m-1} - 3y^{2m+n}$ 是二元一次方程，那么 $m = $ _____，$n = $ _____.

探究活动二： 探究二元一次方程组的概念

议一议：方程 $x + y = 8$ 和 $8x + 5y = 52$ 中，x 所代表的对象相同吗？y 呢？

x、y 所代表的对象分别相同，因而 x，y 必须同时满足方程 $x + y = 8$ 和 $8x + 5y = 52$. 把它们联立起来得 $\begin{cases} x + y = 8, \\ 8x + y = 52. \end{cases}$

像这样，共含有两个未知数的两个二元一次方程所组成的一组方程，叫作二元一次方程组。

注意：方程组各方程中同一字母必须代表同一量。

挑兵点将：

下列方程组是二元一次方程组的是（　　　）

（1）$\begin{cases} 2x - y = 7 \\ y = 2z - 1 \end{cases}$ $\qquad\qquad$ （2）$\begin{cases} x + y = 3 \\ xy = 2 \end{cases}$

(3) $\begin{cases} \dfrac{x}{2} - \dfrac{y}{2} = \dfrac{11}{2} \\ 2x + 3y = 5 \end{cases}$ (4) $\begin{cases} 2x - y = 3 \\ y = 6 \end{cases}$

(5) $\begin{cases} \dfrac{1}{x} + 6 = 1 \\ -x + y = \dfrac{2}{3} \end{cases}$ (6) $\begin{cases} x = 2 \\ 2y = 6 \end{cases}$

探究活动三：探究二元一次方程、二元一次方程组的解的概念

你能填出适合方程 $x + y = 8$ 的 x，y 值吗？

表1

x	$\cdots$	1	2	3	4	5	6	$\cdots$
y	$\cdots$							$\cdots$

你能填出适合方程 $8x + 5y = 52$ 的 x，y 值吗？

表2

x	$\cdots$	1	2	3	4	5	6	$\cdots$
y	$\cdots$							$\cdots$

适合一个二元一次方程的一组未知数的值，叫作这个二元一次方程的一个解。

二元一次方程组中各个方程的公共解，叫作这个二元一次方程组的解。

在对比中前行：一般情况下，二元一次方程有多少个解？二元一次方程组有多少个解？

一般情况下，二元一次方程有无数个解，二元一次方程组有一个解。

设计意图：合作学习的模式给课堂教学注入了新的活力，不仅使师生之间、学生之间更有效地进行语言交际，而且还可以培养学生的合作意识、团队精神，进而促使学生相互学习，共同提高，有力地促进了课堂效率的提高。

（三）当堂训练评价展示

游戏：笑脸的个数代表着不同难度的问题，小组选派代表任选一题，答对相对应的题目后，可获得对应的 😊，得 😊 最多的小组就是本节课的获胜者。

(1) 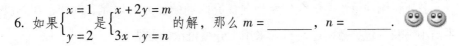　　　　　(2)

(3)　　　　　　　　　　　(4)

(5)　　　　　　　　　　　(6)

1. 下列四组数值中，哪些是二元一次方程 $x - 3y = 1$ 的解（　　）

A. $\begin{cases} x = 2 \\ y = 3 \end{cases}$　　　　　　　　B. $\begin{cases} x = 4 \\ y = 1 \end{cases}$

C. $\begin{cases} x = 10 \\ y = 3 \end{cases}$　　　　　　　D. $\begin{cases} x = -5 \\ y = -2 \end{cases}$

2. 二元一次方程 $2x + 3y = 28$ 的解有（　　）

A. $\begin{cases} x = 5 \\ y = \underline{\quad\quad} \end{cases}$　　　　　　　B. $\begin{cases} x = \underline{\quad\quad} \\ y = -2 \end{cases}$

C. $\begin{cases} x = -2.5 \\ y = \underline{\quad\quad} \end{cases}$　　　　　D. $\begin{cases} x = \underline{\quad\quad} \\ y = 3.7 \end{cases}$

3. 二元一次方程组 $\begin{cases} x + 2y = 10 \\ y = 2x \end{cases}$ 的解是（　　）

A. $\begin{cases} x = 4 \\ y = 3 \end{cases}$　　　　　　　B. $\begin{cases} x = 3 \\ y = 6 \end{cases}$

C. $\begin{cases} x = 2 \\ y = 4 \end{cases}$　　　　　　　D. $\begin{cases} x = 4 \\ y = 2 \end{cases}$

4. 以 $\begin{cases} x = 1 \\ y = 2 \end{cases}$ 为解的二元一次方程组是（　　）

A. $\begin{cases} x - y = 2 \\ 3x - y = 1 \end{cases}$　　　　　　B. $\begin{cases} x - y = -1 \\ 3x + y = -5 \end{cases}$

C. $\begin{cases} x - 2y = -3 \\ 3x + 5y = -5 \end{cases}$　　　　D. $\begin{cases} x - y = -1 \\ 3x + y = 5 \end{cases}$

5. 二元一次方程 $3x + y = 9$ 的正整数解为 _____．

6. 如果 $\begin{cases} x = 1 \\ y = 2 \end{cases}$ 是 $\begin{cases} x + 2y = m \\ 3x - y = n \end{cases}$ 的解，那么 $m = \underline{\quad\quad}$，$n = \underline{\quad\quad}$．

设计意图：运用游戏的方式进行练习巩固，意图激发学生解决问题的积极性，使课堂变得生动活泼。采用分组竞赛的形式，既增强了学生合作交流的意识，又便于老师及时了解学生的学习效果。

（四）畅谈收获　反思升华

1. 通过本节课的学习，你学会了哪些知识?

2. 通过本节课的学习，你最深刻的体验是什么?

3. 通过本节课的学习，你还有什么疑惑?

设计意图：以问题的形式提出总结的内容，再次为学生提供了参与课堂展示自我的机会，梳理了知识的内在联系，提炼了思想方法，总结了情感体验。

（五）分层作业　联系拓展

必做：P106 习题 5.1

选做：已知：$\begin{cases} x=2 \\ y=1 \end{cases}$ 是二元一次方程组 $\begin{cases} ax+by=7 \\ ax-by=1 \end{cases}$ 的解，则 $a-b$ 的值为

_____.

设计意图：分层次的作业设置，旨在为学生搭建不同高度的学习平台，满足不同层次学生数学发展的需求，有利于个性化巩固提高的要求。体现了"不同的人在数学上得到不同的发展，人人学有价值的数学"。

五、教学反思

本节课试图做到以下几点：

利用知识联系实际的教学方法，激发学生的学习兴趣，让学生体会到生活为我们提供取之不尽、用之不竭的数学资源，关注生活，用心生活，方能学好数学。本节课的设计是从学生感兴趣的故事和学生较为熟悉的情景入手，让学生类比一元一次方程的知识经历，从不同角度寻求不同的方法解决问题的过程，体现出解决问题策略的多样性，同时衬托出列二元一次方程组解法的优越性，更使学生感到二元一次方程组的引入顺理成章。

我还试图注重学生的合作精神与探究问题的能力的培养。例如，在解决老牛与小马驮的包裹数问题时，我采用了分组讨论的方法。

　　我注重学生概括能力及语言简洁性的培养。例如，运用类比法得出二元一次方程及二元一次方程组的解的概念。

　　我注重及时巩固练习，加深印象，提升能力。本节课我每讲一种类型就让学生做相应的练习题，尤其是最后当堂训练时我采用分组竞赛的方式充分激发了学生的积极性，达到了很好的巩固效果。

中考复习课　反比例函数复习[①]

一、学情分析

本教案是九年级第一轮复习教案。反比例函数是函数的重要知识，核心知识是反比例函数的概念、图像性质与运用。用反比例函数解决实际问题，需要建模的思想与策略，需要一定的生活背景知识，对学生有较高的要求。学生在前面的学习和复习中不仅已经掌握了反比例函数的概念、图像、性质，初步具有对反比例函数的有关问题进行合作探究，还掌握了一次函数、三角形、四边形等相关综合知识，有过数形结合方法等数学活动经验，为今天的复习奠定了一定的基础。

二、复习目标

1. 掌握并熟练运用反比例函数的概念、意义、图像及性质。

2. 通过观察、对比、总结等学习活动，积累数学活动经验，感受数形结合、分类讨论、从特殊到一般的数学思想，进一步提高学生的数学思维能力和综合运用能力。

3. 能够利用与反比例函数的基础知识解决有关问题。

4. 通过对反比例函数的基础知识的复习过程，感受生活中的变量关系，提高学习的热情，增强探究的意识。

三、复习重点和难点

1. 复习重点：灵活运用反比例函数的基础知识解决问题。

---

① 本教案为作者于 2018 年在永修县初中数学中考复习研讨活动中公开课的教学设计。

2. 复习难点：运用数形结合、分类讨论、从特殊到一般的思想，解决与反比例函数有关的实际问题。

四、教学过程

活动一：出示课件"本章考点"

设计意图：明确复习方向，激发学生学习欲望。

活动二：出示课件"考点一：反比例函数的概念与解析式"

设计意图：通过对反比例函数的概念与解析式的回顾，教师引导三种形式等价变形，使学生真正掌握反比例函数的意义。

（1）"考点一"应用

下列各式中能表示 y 是 x 的反比例函数的有_____.

① $y = 3x - 1$　　　　　　　② $y = \dfrac{3}{x}$

③ $xy = 5$　　　　　　　　　④ $y = \dfrac{2}{x^2}$

⑤ $y = \dfrac{2x}{3}$　　　　　　　　⑥ $y = -2x^{-1}$

（2）变式训练

变式训练：当函数 $y = (m-1)\, x^{m^2-2}$ 是反比例函数时，$m = $ _____.

设计意图：通过两组基础题目帮助学生巩固反比例函数的三种形式。

活动三：出示课件"考点二：反比例函数的图像与性质"

（1）思考

① 反比例函数图像名称。

② 反比例函数图像位置的确定因素。

③ 反比例函数图像增减性的注意事项。

④ 反比例函数图像对称性。

设计意图：①通过观察明确反比例函数图像位置的确定因素是 k 的正负（$k>0$ 时，双曲线的两个分支分别位于第一、三象限内；$k<0$ 时，双曲线的两个分支分别位于第二、四象限内）。②培养学生应用数形结合的方法帮助理解

性质。

（2）"考点二"应用

①已知 A（2，y_1），B（3，y_2）是反比例函数 $y = \dfrac{2}{x}$ 图像上的两点，则 y_1

_____（填" > "或" < "）y_2.

变式：已知 A（x_1，y_1），B（x_2，y_2）是反比例函数 $y = \dfrac{2}{x}$ 图像上的两点，

且 $x_1 < x_2 < 0$，则 y_1 _____（填" > "或" < "）y_2.

若把 $x_1 < x_2 < 0$ 变成 $x_1 < 0 < x_2$，结果又会是如何？若把函数改成 $y = \dfrac{k^2+1}{x}$ 呢？

②（2008 年江西）若点（x_0，y_0）在函数 $y = \dfrac{a}{x}$（$x < 0$）的图像上，且

$x_0 y_0 = -2$，则它的图像大致是（　　）

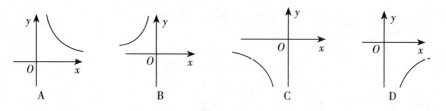

图 1

③（2016 年株洲）已知一次函数 $y_1 = ax + b$ 与反比例函数 $y_2 = \dfrac{k}{x}$ 的图像如

图所示，当 $y_1 < y_2$ 时，x 的取值范围是（　　）

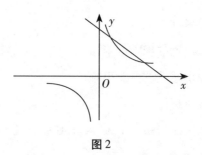

图 2

A. $x < 2$　　　　　　　　　　B. $x > 5$

C. $2 < x < 5$ D. $0 < x < 2$ 或 $x > 5$

设计意图：通过对"考点二"的一组应用，让学生独立思考和小组交流，培养学生分析问题、解决问题的能力，同时培养学生的合作意识，促进了学生语言表达的能力，增强了学生的参与意识。

其中，变式使学生对反比例函数的增减性更加明确"在每个象限内"的重要性，以及有关函数的综合问题，从而使学生感知数形结合、分类讨论的数学思想，对知识达到举一反三的作用。

"k"的几何意义：$S_{矩形OAPB} = |k|$ $S_{\triangle OAP} = \dfrac{1}{2}|k|$

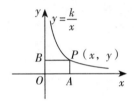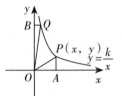

图3

考点二应用：如图4，已知 P 点是反比例函数 $y = \dfrac{k}{x}$（$k \neq 0$）的图像上一点（第一象限），$AP \perp y$ 轴于 A，且 $\triangle APO$ 的面积为3，则 k 的值为_____（变式1，如图5将函数图像变化至第二象限）。

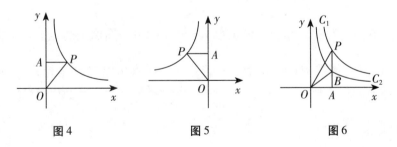

图4 图5 图6

变式2 如图6，两个反比例函数 $y = \dfrac{4}{x}$ 和 $y = \dfrac{2}{x}$ 在第一象限内的图像分别是 C_1 和 C_2，设点 P 在 C_1 上，$PA \perp x$ 轴于点 A，交 C_2 于点 B，则 $\triangle POB$ 的面积为_____.

（3）（2016年江西）如图7，直线 $l \perp x$ 轴于点 P，且与反比例函数 $y_1 = \dfrac{k_1}{x}$

$(x>0)$ 及 $y_2 = \dfrac{k_2}{x}$ $(x>0)$ 的图像分别交于点 A，B，连接 OA，OB，已知的面

积为 2，则 $k_1 - k_2 =$ _____．

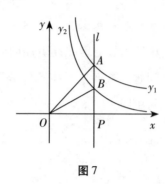

图 7

设计意图： 通过此环节让学生体会：

（1） $S_{\triangle AOP} = \dfrac{1}{2}|k|$。

（2） 一题多变训练学生的数学思维。

（3） 体会数形结合的思想并从函数的图像中获得信息的能力。

活动四： 出示课件"考点三：反比例函数的应用"

如图，点 A（1，2）在反比例函数 $y = \dfrac{k}{x}$ $(x>0)$ 的一个分支上．

求：（1）反比例函数解析式；

（2）点 B（2，n）是反比例函数 $y = \dfrac{k}{x}$ $(x>0)$ 图像上的点。在 x 轴上是

否存在一点 P，使得 $PA + PB$ 最小？若存在，试求出点 P 的坐标；若不存在，

请说明理由．

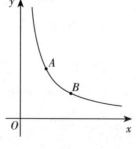

图 8

变式：如图 8，点 A（m，2），B（2，n）在反比例函数 $y = \dfrac{2}{x}$（$x > 0$）的一个分支上.

① 求 m 和 n 的值；

② 在 x 轴上是否存在一点 Q，使得 QA 与 QB 的差最大？若存在，试求出点 Q 的坐标；若不存在，请说明理由.

活动五：课堂小结

本节课复习了反比例函数相关的三个考点。分别是：1. 反比例函数的概念及解析式；2. 反比例函数的图像与性质；3. 反比例函数的应用。

设计意图：对所学知识进行归纳总结，进一步加深所学知识。

五、教学反思

这节复习课中，我尝试着以把相关的概念与练习相结合的形式呈现在学生面前，使学生自觉地动脑、动手、动口，全身心地投入学习活动中，在练习中加深对概念的认识和理解，在理解的基础上，提高运用概念分析、解决问题的能力。

本节课的教案设计为五个活动，主要涉及三大考点。活动一主要是呈现本章的考点，让学生了解中考的命题方向及考题类型。活动二至活动五主要是对各个考点进行回顾及相应的考点应用，之后整理解题思路，将做题过程补充完整。本节课的成功之处在于抓住一个知识点做足了变式，意在体现数学建模的价值，渗透应用建模的意识。

第 七 章

蔡江燕教学设计

八年级下册第三章第2节《图形的旋转（2）》①

一、内容和内容解析

1. 内容

能够按照要求作出简单平面图形旋转后的图形，并对具有旋转特征的图形进行观察、分析。

2. 内容解析

本节课是北师大版八年级下册第三章"图形的平移与旋转"第2节的内容，学生已对轴对称、平移这两种简单的全等变换有了很好的认识，并对旋转有了初步的了解。教材将旋转变换安排至此，目的是力求让学生从动态的角度观察图形、分析问题。由于旋转与轴对称、平移都是全等变换，在特征上既存在共性又有特性；而学生已经掌握了轴对称、平移的特征，因此，探索、理解旋转区别于轴对称、平移的特征成了本节课学习的重要任务。

---

① 本教案为2020年疫情防控期间由江西省教育厅组织的"赣教云"中小学线上公开教学的教案。

二、学习目标和目标解析

1. 学习目标

（1）能够按照要求做简单平面图形旋转后的图形。

（2）对具有旋转特征的图形进行观察、分析、画图和动手操作等过程，掌握画图技能。

2. 目标解析

（1）通过画图，进一步培养学生的动手操作能力。

（2）对具有旋转特征的图形进行观察、分析、画图过程中，进一步发展学生的审美观念。

三、教学重难点

简单平面图形旋转后的图形的做法。

四、教学过程设计

第一环节：复习旧知

旋转的基本性质：

（1）对应点到旋转中心的距离相等。

（2）任意一组对应点到旋转中心的连线所成的角是旋转角。

（3）对应线段相等，对应角相等。

设计意图：通过复习旋转的性质，为本节课的学习作图做知识准备。

第二环节：观察操作、探索归纳旋转的做法（多媒体演示）

例1　如图 1 所示，画出线段 AB 绕 A 点顺时针旋转 $60°$ 后所得的线段.

图1

设计意图：本题学生可以找到旋转中心、旋转方向，借助量角器画出60°的角，为下一题画三角形的旋转作铺垫，由简到难。

例2　如图2所示，△ABC绕点O按逆时针方向旋转后，顶点A旋转到了点D.

（1）指出这一旋转的旋转角；

（2）画出旋转后的三角形.

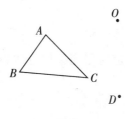

图2

设计意图：分别以线段的旋转，三角形的旋转为例训练学生简单旋转作图的方法技巧。

归纳：

说一说：画旋转图形的一般步骤。

（1）确定旋转中心、旋转方向和旋转角；

（2）将图形中的关键点与旋转中心连接起来，然后按旋转方向分别将它们旋转一个角度，得到关键点的对应点；

（3）按照原图形的顺序连接这些对应点，所得到的图形就是旋转后的图形。

例3　你能作出"将方格中的小旗子绕O点按顺时针方向旋转90°"后的图案吗?

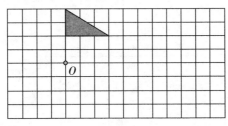

图3

243

设计意图：在前面已经会画简单的旋转作图后，这一题主要还是让学生熟悉方法，并试着归纳总结确定一个图形旋转后的位置的条件，让学生在作图时有章可循。

议一议：确定一个图形旋转后的位置，需要哪些条件？

（1）旋转中心；

（2）旋转方向；

（3）旋转角。

第三环节：实践探究，交流新知

做一做：如图4所示，你能对甲图案进行适当的运动变化，使它与乙图案重合吗？写出你的操作过程。

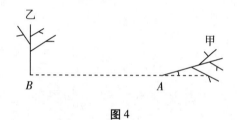

图4

学生讨论交流，先将甲图案绕点 A 逆时针旋转 $70°$，再沿从点 A 到点 B 的方向平移线段 AB 的长度，即可与图案乙重合。当然先平移再旋转也是可以的，学生组织语言，说得合理、严谨即可。

如图5，在平面直角坐标系中，点 B，C，E 在 y 轴上，Rt$\triangle ABC$ 经过变换得到 Rt$\triangle ODE$，若点 C 的坐标为（0，1），$AC = 2$，你能说出这种变换的过程吗？

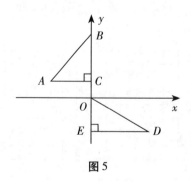

图5

学生讨论交流，△ABC 绕点 C 顺时针旋转 90°，再向下平移 3 个单位长度。

设计意图：通过这两道相对活泼的问题，向学生展示图形之间的变换关系。

第四环节：巩固与拓展

1. 拓展

如图 6，点 O 是等边 △ABC 内一点，∠AOB = 110°，∠BOC = α，将 △BOC 绕点 C 按顺时针方向旋转 60° 得到 △ADC，连接 OD.

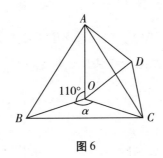

图 6

（1）求证：△COD 是等边三角形.

（2）当 α = 150° 时，试判断 △AOD 的形状.

证明：①由旋转的性质知，DC = OC.

又 ∵ ∠DCO = 60°，

∴ △COD 是等边三角形.

（有一个角是 60° 的等腰三角形是等边三角形）

② ∵ ∠BOC = α = 150°，∠AOB = 110°，∠COD = 60°，

∴ ∠AOD = 360° − ∠AOB − ∠BOC − ∠COD

　= 360° − 110° − 150° − 60° = 40°.

∵ ∠ADC = α = 150°，∠ODC = 60°，

∴ ∠ADO = 90°，

∴ △AOD 是直角三角形.

设计意图：通过拓展使学生熟悉掌握旋转的特征并运用旋转的性质解决具体的问题，提升学生运用新知解决问题的能力。

2. 中考链接

（1）（中考·衡阳）如图 7，点 A，B，C，D，O 都在方格纸的格点上，若

△COD 是由 △AOB 绕点 O 按顺时针方向旋转而得到的，则旋转的角度为____.

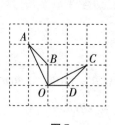

图 7   图 8

（2）（中考·河池）如图 8，将线段 AB 绕点 O 顺时针旋转 90° 得到线段 A'B'，那么点 A（-2，5）的对应点 A' 的坐标是_____.

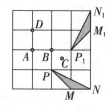

图 9   图 10

（3）如图 9，在 4×4 的正方形网格中，△MNP 绕某点旋转一定的角度，得到 △M₁N₁P₁，则其旋转中心是（   ）

A. 点 D   B. 点 C

C. 点 B   D. 点 A

（4）（中考·泰安）如图 10，在正方形网格中，线段 A'B' 是线段 AB 绕某点逆时针旋转角 α 得到的，若点 A' 与 A 对应，则角 α 的大小为（   ）

A. 30°   B. 60°

C. 90°   D. 120°

设计意图：巩固落实，达成目标，检验学生的掌握情况。

第五环节：课堂小结

旋转画图的一般思路：

① 确定旋转的三要素：旋转中心、旋转方向、旋转角度。

② 将复杂图形的旋转转化成点的旋转。

③ 利用旋转画图的知识解题，例如确定旋转中心和旋转角度等。

第六环节：作业布置

1. 巩固性作业：习题 3.5。

2. 拓展性作业：作业本：24 页。

设计意图：通过作业巩固本节课的基本概念，而拓展作业是让学生在掌握基本概念后能够进一步运用概念到习题中，拓宽学生的发展性思维。

五、教学反思

这节课的教学目标是使学生进一步认识图形的旋转，探索图形旋转的特征和性质，明确旋转三要素，并且会利用三要素进行画图。

在这节课的教学中，以学生为主题，学情把握充分，引导学生发现旋转的三要素，增加了学生的成功感。让学生始终以一个探索者、发现者的角色投入学习活动，使学生学得高效，学得深入。注重数学思想的渗透与点拨，注重引领学生认识和体会数学内在的美感。让学生感受数学的魅力，激发了学生进一步学习数学的欲望。

由于是疫情期间的网课，以老师讲为主，互动少了，比如会不会有学生不能够很好地画出旋转后的图形，对顺时针、逆时针的理解还是很模糊，对旋转中心位置的确定等，都需要在实际操作中去了解学生的现状。

八年级下册第三章第 3 节《中心对称》[①]

一、内容和内容解析

1. 内容

中心对称及中心对称图形的概念和性质，轴对称与中心对称的区别与联系。

2. 内容解析

本节课是北师大版八年级下册第三章"图形的平移与旋转"第 3 节的内容，在学习七年级（下）和本章前面几节课中，已学习了轴对称、平移、旋转等概念，学生已充分理解了各种变换的基本性质，具备了分析、设计图案的基本技能。

学生活动经验基础：在相关知识的学习过程中，学生已经初步积累了一定的图形变换的数学活动经验，本节课旨在让学生在进行观察、分析、欣赏等操作性活动中，丰富学生对图形变换的认识，并使他们正确理解和把握平移、旋转等内容，进一步深化对图形的三种基本变换的理解和认识。

二、学习目标和目标解析

1. 内容

（1）了解中心对称及中心对称图形的概念，探索它的基本性质。

（2）经历有关中心对称的观察、操作、欣赏和设计的过程，进一步积累数学活动经验，发展空间观念。

[①] 本教案为 2020 年疫情防控期间由江西省教育厅组织的"赣教云"中小学线上公开教学的教案，并于 2020 年 9 月荣获江西省线上教学优质课评比二等奖。

2. 内容解析

（1）认识中心对称的概念，能综合运用不同方式的图形变换解决有关问题，通过观察、探索等过程，使学生更深刻地理解轴对称、平移、旋转及组合等几何变换的规律和特征，并体会图形之间的变换关系。

（2）运用讨论交流等方式，让学生自己探索出图形变化的过程，发展学生的图形分析能力、化归意识和综合运用变换解决有关问题的能力。

三、教学重难点

1. 教学重点：中心对称图形的定义及性质。

2. 教学难点：利用中心对称图形的有关概念和基本性质解决问题。

四、教学过程设计

第一环节：图片欣赏

观察下面图形，它们都属于什么图形？

图1

设计意图：通过欣赏图片，增强审美意识，并且利用生活中的例子让同学回忆旧的知识——轴对称。

第二环节：复习旧知，引入新课

图2

设计意图：两幅图形为课堂提供了极好的素材，也将极大地激发学生学习的兴趣. 这样做，培养了学生观察、概括的能力，语言表达能力和空间想象能力。

内容1：中心对称的概念

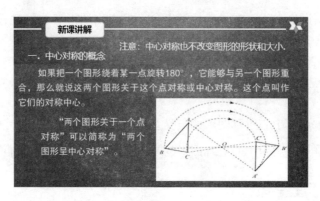

图3

内容2：中心对称的性质

如图3，观察：$\triangle ABC$ 与 $\triangle A'B'C'$ 呈中心对称，点 O 是它们的对称中心。你能发现什么结论吗？多媒体演示旋转180°的过程。

中心对称的性质：呈中心对称的两个图形中，对应点所连线段经过对称中心，且被对称中心平分。

设计意图：通过学生找到上图的对称关系，运用讨论、交流等方式，让学生自己探索出图形变化的过程，为后面寻找组合图形所运用的几何变换的规律和特征奠定了基础。

第三环节：合作交流，解决问题

中心对称和轴对称有什么区别和联系？完成表1。

表1

轴对称	中心对称
有对称轴——直线	有一个对称中心——点
图形沿轴对折（翻转180°）后重合	图形绕中心旋转180°后重合
对应点的连线被对称轴垂直平分	对应点的连线经过对称中心，且被对称中心平分

设计意图：通过学生之间的合作、交流，让学生体会轴对称与中心对称图形的区别与联系，发展学生的数学语言表达能力。

内容1：画图

如图4，点 O 是线段 AE 的中点，以点 O 为对称中心，画出与五边形ABCDE呈中心对称的图形。

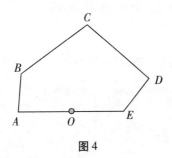

图4

说一说：画已知图形关于某个点呈中心对称的图形的步骤。

（1）连接原图形上的关键点和对称中心；

（2）再将以上各线段延长找对应点，使得关键点与对称中心的距离和其对应点与对称中心的距离相等；

（3）将对应点按原图形的形状连接起来，即可得出原图形关于某点中心对称的图形。

设计意图：利用中心对称的特征，可以不用旋转而更快捷地画出图形，培养学生自主学习和总结的能力。

内容2：中心对称图形

图5

议一议：图5的这些图形有什么共同特征？动画演示。

把一个图形绕着某一点旋转180°，如果旋转后的图形能与原来的图形重合，那么这个图形叫作中心对称图形，这个点叫作它的对称中心。

归纳小结：中心对称与中心对称图形的联系与区别：

区别：中心对称指两个全等图形的相互位置关系，中心对称图形指一个图形本身呈中心对称。

联系：如果将中心对称图形的两个图形看成一个整体，则它们是中心对称图形。如果将中心对称图形对称的部分看成两个图形，则它们呈中心对称。

设计意图：学生在观察、分析、归纳的基础上，提炼出中心对称图形的概念，并在理解概念的基础上，进一步归纳中心对称与中心对称图形的联系与区别。

想一想：学过的平面图形中，哪些是中心对称图形，试着归纳。

图形 \ 对称性	轴对称图形		中心对称图形	
	图形	对称轴条数	图形	对称中心
线段		2条		中点
角		1条		无
等腰三角形		1条		无
等边三角形		3条		无
平行四边形		无		对角线交点
长方形		2条		对角线交点
菱形		2条		对角线交点
正方形		4条		对角线交点
等腰梯形		1条		无

常见的轴对称图形与中心对称图形（归纳小结）

图6

设计意图：通过类比的方法比较、归纳轴对称图形与中心对称图形在平面图形中的应用。

第四环节：巩固与拓展

1. 巩固练习

（1）如图，在平行四边形 $ABCD$ 中，对角线 AC，BD 相交于点 O，则与 $\triangle AOB$ 呈中心对称的三角形是（　　　）

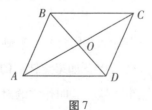

图7

A. △*BOC*

B. △*COD*

C. △*AOD*

D. △*ACD*

（2）下列安全标志图中，是中心对称图形的是（　　　）

A.

B.

C.

D.

（3）下列图形中既是轴对称图形又是中心对称图形的是_____.

① 角　　② 正三角形　　③ 线段　　④ 平行四边形

（4）下列多边形中，是中心对称图形而不是轴对称图形的是_____.

① 平行四边形　　② 矩形　　③ 菱形　　④ 正方形

（5）下列多边形中，是轴对称图形而不是中心对称图形的是_____.

① 平行四边形　　② 矩形　　③ 菱形　　④ 等腰梯形

（6）在平面直角坐标系中，点 *P*（-3，-5）关于原点对称的点的坐标是（　　　）

A.（3，-5）

B.（-3，5）

C.（3，5）

D.（-3，-5）

2. 拓展

长方形 *ABCD* 中，*AB* = 3，*AD* = 4，对角线 *AC* 与 *BD* 相交于点 *O*，*EF* 是经过点 *O* 分别与 *AB*，*CD* 相交于点 *E*，*F* 的直线，则图中阴影部分的面积为____.

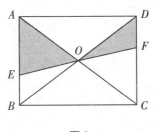

图8

设计意图：有意图地设计巩固与拓展题，检测教学目标的达成情况，纠正学生学习中的错误，使学生熟练知识，发现与弥补遗漏，达到深化理解所学内容的目的。

第五环节：课堂小结

本节课学习了中心对称的定义及其性质，以及中心对称图形。通过类比的方法学会区分中心对称与中心对称图形，会判断平面图形是轴对称图形还是中心对称图形。

第六环节：布置作业

1. 巩固性作业：习题 3.6。

2. 拓展性作业：作业本：25 页。

设计意图：通过作业巩固本节课的基本概念，而拓展作业是让学生在掌握基本概念后能够进一步运用概念到习题中，拓宽学生的发散性思维。

五、教学反思

本节课通过观察图片引起学生的兴趣，欣赏图片让学生在学习中体验中心对称的美，从实际图片的设计着手引入新课，在图形的运动变化中进行概念的教学，在观察中思考中心对称的性质以及如何识别。

在数学思想上首先融入类比教学，了解轴对称与中心对称的区别与联系。同学们通过欣赏图形、感受图形、识别图形，进而理解中心对称和中心对称图形的概念，体会对称中心的位置以及意义和价值，并感受中心对称图形与呈中心对称的转化关系。最后还融入整体思想，在学生讨论"中心对称与中心对称图形"时，注重从整体的眼光看待问题，从而相互转化。

八年级下册第三章第4节《简单的图案设计》[①]

一、内容和内容解析

1. 内容

认识并欣赏平移、旋转在现实生活中的应用，能够灵活运用平移、旋转、轴对称的组合进行一定的图案设计。

2. 内容解析

在七年级下册和本章前面几节课中，已学习了轴对称、平移、旋转等概念，学生已充分理解了各种变换的基本性质，具备了分析、设计图案的基本技能。在学习了全等图形以后，学生就已经学会了利用全等变换设计简单的无缝隙拼接图案，初步积累了一定的图形变换的数学活动经验。本节课旨在通过对漂亮图案的欣赏、分析，使学生逐步领略图案设计的奇妙，逐步掌握一些运用轴对称、平移和旋转的组合进行简单的图案设计技能。

二、目标和目标解析

1. 学习目标

（1）了解图案最常见的构图方式：轴对称、平移、旋转等，理解简单图案设计的意图。

（2）认识和欣赏平移、旋转在现实生活的应用。

2. 目标解析

经历对生活中的典型图案进行观察、分享、欣赏等过程，进一步发展空间

[①] 本教案为2020年疫情防控期间由江西省教育厅组织的"赣教云"中小学线上公开教学的教案，并于2020年9月荣获江西省首届数字化中学数学教学能力评比初中组一等奖。

观念、增强学生的审美意识。

三、教学重难点

1. 教学重点：巩固平移、旋转及轴对称的定义和性质，分析图案形成过程，会找基本图形。

2. 教学难点：灵活运用平移、旋转、轴对称的组合进行简单的图案设计。

四、教学过程设计

第一环节：图案欣赏

出示 5 个汽车的图标（图 1），请同学们认出熟悉的图标，并说说它们运用了哪些变换方式。

图 1

设计意图：通过图案吸引学生的注意力，激发学生的学习兴趣，引出本节课的学习内容。

第二环节：复习旧知

（1）图形的三种全等变换方式：平移、旋转、轴对称。

（2）平移条件：确定一个平移运动的条件是平移方向和距离。

（3）旋转条件：图形的旋转是由旋转中心、旋转方向和旋转角确定的。

（4）轴对称与中心对称的区别：轴对称图形的关键是寻找对称轴，两边图形折叠后可重合；中心对称图形是要寻找对称中心，旋转 180° 后重合。

第三环节：实践探究，新课讲解

1. 问题导入

阅读教材 P85—86，回答下列问题：

你能用平移、旋转或轴对称分析如图2中各个图案的形成过程吗?

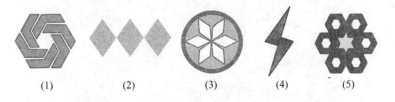

(1)　　　　(2)　　　　(3)　　　　(4)　　　　(5)

图2

图3

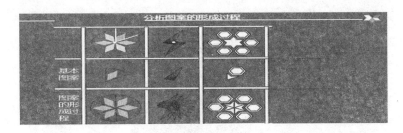

图4

其中图_____可以看作是由"基本图案"通过旋转适合角度形成的,另外图_____也可以看作是由"基本图案"通过轴对称变换形成的,图_____还可以看作是由"基本图案"通过平移形成的。

设计意图:通过对漂亮图案的欣赏、分析,使学生逐步领略图案设计的奇妙,逐步掌握一些简单的图案设计技能。

2. 分析问题

例1　欣赏图5的图案,并分析这个图案形成的过程。

提问:①基本图案是什么? 有几个?

② 分析同色"爬虫"、异色"爬虫"之间的关系。

图5

分析：这个图案是由三个"基本图案"组成的，它们分别是三种不同颜色的"爬虫"（绿、白、黑），形状、大小完全相同。

在图中，同色的"爬虫"之间是平移关系，所有同色的"爬虫"可以通过其中一只经过平移而得到；相邻的不同色的"爬虫"之间可以通过旋转而得到，其中，旋转角度为120°，旋转中心为"爬虫"头上、腿上或脚趾上一点。

设计意图：通过对复杂图案的分析，使学生了解轴对称、平移、旋转变换是图案制作的基本手段，初步感受这三种变换方式在图案设计中的作用。

例2　下面的图案是怎样设计出来的？

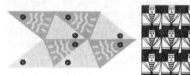

图6

分析：我们已经具备了简单图案设计的基本知识与技能：

用最基本的几何元素——点、线设计与制作图案；

用最简单的几何图形——三角形、矩形设计、制作图案；割补、无缝隙拼接。

设计意图：在学生熟悉的问题中，复习简单图案设计的基本知识与技能；创设问题情境，激发兴趣，调动学生的学习积极性，让学生充分感知轴对称、平移、旋转变换实际上就是所学过的全等变换，培养学生善于观察、善于总结、乐于探索研究的学习品质。

3. 例题拓展

如图，图 7 的甲、乙、丙、丁四个图中的图形 2 是由图形 1 经过轴对称、平移、旋转这三种运动变换而得到的，请分别分析出它们是如何运动变换的。图中每个方格的单位长度为 1。

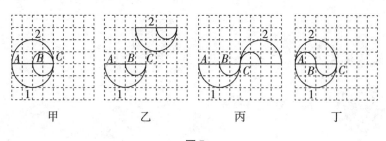

甲　　　　　乙　　　　　丙　　　　　丁

图 7

分析：图 7 甲中的图形 2 是由图 1 形经过轴对称变换而得到（以 AC 所在的直线为对称轴）；

图 7 乙中的图形 2 是由图形 1 经过平移变换而得到；

图 7 丙中的图形 2 是由图形 1 经过旋转变换而得到（绕点 C 旋转 180°）；

图 7 丁中的图形 2 是由图形 1 经过旋转变换而得到（绕点 B 旋转 180°）。

设计意图：通过例题拓展让学生熟练掌握三种变换方式，并让他们从整体上掌握一些简单的图案设计。

4. 归纳总结

利用图形变换设计简单的图案的一般方法：

（1）整体构思：①图案的设计要突出"主题"；②确定整幅图案的形状（如正方形或圆）和基本图案（其种类不宜过多）；③构思图案的形成过程，首先构想该图案由哪几部分构成，再想出如何运用平移、旋转、轴对称等方式实现由"基本图案"到各部分图案的有机组合，并作出草图。

（2）具体作图：根据草图，运用尺规作图的方法准确地作出图案，或借助计算机画出满意的图案。

（3）对图案进行适当的修饰。

第四环节：练习与拓展

1. 随堂练习

（1）下图所示的四个汽车标志图案中，不能用平移或旋转变换来分析其形成过程的图案是（　　）

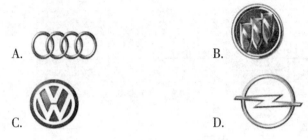

A. B.

C. D.

（2）下列图案都是由字母"m"经过变形、组合而成的，其中不是中心对称图形的是（　　）

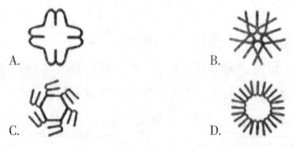

A. B.

C. D.

（3）在下列某品牌 T 恤的四个洗涤说明图案的设计中，没有运用旋转或轴对称知识的是（　　）

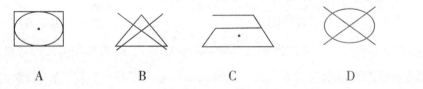

A　　　　B　　　　C　　　　D

（4）在方格纸中，选择标有序号①②③④中的一个小正方形涂黑，使它与图中阴影部分组成的新图形构成中心对称图形，该小正方形的序号是＿＿＿＿．

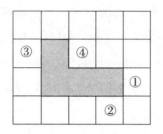

图 8

（5）如图 9 所示，下图可以看作是一个菱形通过几次旋转得到的？每次可能旋转多少度？

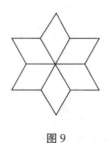

图 9

设计意图：课堂练习可及时获取学生对所学知识的掌握情况，及时反馈本课教学效果。

2. 拓展探究

（1）怎样将图 10 中的甲图案变成乙图案？

分析：观察图形，甲、乙两个图案的大小、形状一样，只是甲图案是斜的，乙图案是直的，且它们的形状的左、右两部分相反，由此可以看出：若把甲图案"扶直"，则这时的甲、乙两图案是轴对称的，这样即可把甲图案变为乙图案。

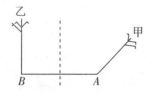 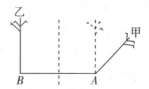

图 10

（2）如图 11 所示，在 4×3 的网格上，由个数相同的白色方块与黑色方块组成一幅图案，请仿照此图案，在下列（图 11）网格中分别设计出符合要求的图案（注：①不得与原图案相同；②黑、白方块的个数要相同）。①既是轴对称图形，又是中心对称图形；②是轴对称图形，但不是中心对称图形；③是中心对称图形，但不是轴对称图形。

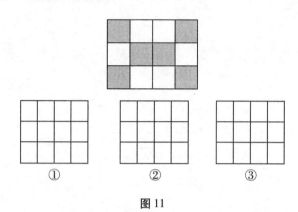

图 11

设计意图： 对本节知识进行巩固练习．图案中有只用轴对称、平移、旋转方式中的一种，也有三种都可使用的图案，使学生具有在发展空间观念的同时能够灵活运用平移、旋转、轴对称的组合进行一定的图案设计的能力。

第五环节：课堂小结

设计图案时要注意两点：一是要把设计的图案当作一个整体，即整体构思；二是作图的过程中可以把图案中几个相邻的基本图案当作一个新的基本图案，要明确图案设计及作图的要求，图案作完后，一定要检验图形是否符合题意。学会几种方式组合分析，设计图案。

第六环节：作业布置

1. 巩固性作业：习题 3.7。

2. 拓展性作业：作业本：26 页。

五、教学反思

学生在学习完本节课后，对轴对称、平移、旋转等图形变换都有了全面认识。通过练习，进一步完善对合理选择变换方式的把握，是对这一章的学习由理论上的探求迈向实际应用的第一步。通过问题的设计，利用图形不同的变化，学生了解生活中丰富多彩、千变万化的图形世界，形成初步思路，对本节课的内容有一个整体的感受。通过图形间的变换关系，学生认识到一切事物的变化可以通过一系列基本变化的组合得到，体会事物从量变到质变的过程，培养学生创新思维能力。

本节课不但助于提升学生的整体思想，而且可以增强学生的审美意识。各种基本图形的组合以及多种变化造就了美丽世界。

第八章

闵礼刚教学设计

七年级下册期中复习课《专题复习课 1 清晰思路判平行》①

一、教学目标

1. 知识与技能

使学生认识平行线的识别法，能灵活地利用平行线判定解决一些简单的问题。

2. 过程与方法

加强对图形的认识和感受，发展空间观念、推理能力和有条理表达能力。

3. 情感与态度

在学习过程中，通过师生的互动交流，培养良好的学习习惯、主动参与的意识，在独立思考的同时能够认同他人。

二、教学内容分析

本节课主要是让学生了解并应用逆向思维方式分析问题，这是平面几何的

---

① 本教案为 2020 年疫情防控期间由江西省教育厅组织的"赣教云"中小学线上公开教学的教案。

一个重要内容，是研究几何图形位置关系和数量关系的基础，不但为三角形内角和定理的证明提供了转化方法，而且也是后面学习三角形、四边形等知识的基础。

本节课的重点：掌握平行线的判定，并能用它们进行简单的推理或计算，初步掌握分析问题和解决问题的方法。

本节课的难点：使学生将知识条理化、系统化，能正确地运用进行严密推理。

三、学情分析

通过前面的基础知识的学习，大部分学生都能基本掌握平行线的判定，但还是有些同学在说明两直线平行时的思路很混乱，通过平时的作业可以看出，大部分学生还是采用由已知条件得到结论，没有形成逆向思维考虑问题的习惯。因此，在教学过程中还是要提高学生分析问题的能力和解题能力，关注学生个性化的学习需求以及对个性化的学习提出恰当评价。

四、教学媒体

多媒体课件、三角尺。

五、教学过程

（一）温故知新

回顾一下有哪些方法可以判断两直线平行。

（1）在同一平面内，不相交的两条直线平行（定义法）。

（2）同位角相等，两直线平行。

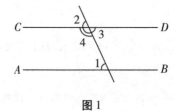

图1

∵ ∠1 = ∠2，

∴ AB // CD．

（3）内错角相等，两直线平行．

∵ ∠1 = ∠3，

∴ AB // CD．

（4）同旁内角互补，两直线平行．

∵ ∠1 + ∠4 = 180°，

∴ AB // CD．

（5）如果两条直线都与第三条直线平行，那么这两条直线也互相平行。

∵ CD // EF，AB // EF，

∴ CD // AB．

设计意图：通过对知识的回顾，让学生更加熟悉判断两直线平行的条件，并熟悉几何语言的书写。让学生更能明白定义法不经常使用，通过角相等或者是角互补来判断两直线平行。

（二）例题学习

例1 已知 ∠BAF = 46°，∠ACE = 136°，CE ⊥ CD 于 C．试问 CD 与 AB 有着怎样的位置关系，为什么？

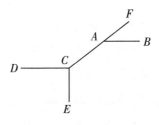

图2

分析：CD 与 AB 平行，需要找到角相等或者互补，被直线 AC 所截，在图中形成内错角 ∠ACD 与 ∠BAC，所以只要判断这两个角相等就可以。

分析：$AB // CD \Leftarrow \angle BAC = \angle ACD \Leftarrow \begin{cases} \angle BAC = 180° - \angle BAF \\ \angle ACD = 360° - \angle ACE - \angle DCE \end{cases}$

解：方法一：AB // CD．理由如下：

∵ $\angle BAF = 46°$,

∴ $\angle BAC = 180° - \angle BAF = 180° - 46° = 134°$.

∵ $\angle ACE = 136°$, $CE \perp CD$,

∴ $\angle DCF = 360° - \angle ACE - \angle DCE = 360° - 136° - 90° = 134°$,

∴ $\angle BAC = \angle DCF$,

∴ $AB /\!/ CD$.

师：除了用内错角相等，两直线平行外，能不能利用同位角相等或者是同旁内角互补来说明两直线平行呢？

如果将直线 DC 延长到 H，是不是图形中就会出现了同位角 $\angle FAB$ 与 $\angle FCH$，可不可以说明这两个角相等？同样也出现了同旁内角 $\angle BAC$ 与 $\angle FCH$，是不是也可以说明它们互补呢？我们来看一看。

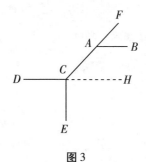

图 3

方法二：解：$AB /\!/ CD$. 理由如下：

如图，延长 DC 到 H，

∵ $\angle ACE = 136°$, $CE \perp CD$,

∴ $\angle ACH = 136° - \angle HCE = 136° - 90° = 46°$.

∵ $\angle BAF = 46°$,

∴ $\angle BAF = \angle ACH$,

∴ $AB /\!/ CD$.

例 2 如图 4，$\triangle ABC$ 中，$\angle ACB = 90°$，$CD \perp AB$，点 D 为垂足，点 E，F 分别在 AC，AB 边上，且 $\angle AEF = \angle B$.

试说明：$EF /\!/ CD$.

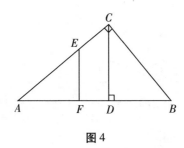

图 4

分析：要 CD 与 EF 平行，先在图中找到这两线，看被哪些直线所截，形成了什么角。从图中可以看出，可以被 AC 所截形成同位角 $\angle AEF$ 与 $\angle ACD$，同旁内角 $\angle CEF$ 与 $\angle ACD$；也可以被直线 AB 所截，形成同位角 $\angle AFE$ 与 $\angle ADC$，同旁内角 $\angle EFD$ 与 $\angle CDA$，我们看看能不能说明这些角相等或者互补。

$EF /\!/ CD \Leftarrow$

$$\begin{cases} ① \angle AEF = \angle ACD \Leftarrow \begin{cases} \angle AEF = \angle B \\ \angle ACD = \angle B \Leftarrow \begin{cases} \angle B + \angle BCD = 90° \Leftarrow CD \perp AB \\ \angle ACD + \angle BCD = 90° \Leftarrow \angle ACB = 90° \end{cases} \end{cases} \\ ② \angle AFE + \angle EFD = 180° \\ ③ \angle AFE = \angle ADC \\ ④ \angle EFD + \angle ADC = 180° \end{cases}$$

方法一：解：$\because \angle ACB = 90°$，$CD \perp AB$，

$\therefore \angle ACD + \angle BCD = 90°$，$\angle B + \angle BCD = 90°$，

$\therefore \angle ACD = \angle B$.

$\because \angle AEF = \angle B$，

$\therefore \angle ACD = \angle AEF$，

$\therefore EF /\!/ CD$.

从第一种方法中可以看出，用 $\angle CEF + \angle ACD = 180°$ 同样可以说明两直线平行，那被 AB 直线所截的两种方法又能不能说明呢，我们看一下分析过程：

$EF /\!/ CD \Leftarrow$

$$\begin{cases} ① \angle AEF = \angle ACD \\ ② \angle AFE + \angle EFD = 180° \\ ③ \angle AEF = \angle ADC \Leftarrow \begin{cases} \angle ADC = 90° \\ \angle AFE = 90° \Leftarrow \angle AEF + \angle A = 90° \Leftarrow \begin{cases} \angle AEF = \angle B \\ \angle A + \angle B = 90° \end{cases} \end{cases} \\ ④ \angle EFD + \angle ADC = 180° \end{cases}$$

方法二：解：$\because$ $\angle ACB = 90°$，$CD \perp AB$，

$\therefore$ $\angle A + \angle B = 90°$，$\angle ADC = 90°$.

$\because$ $\angle AEF = \angle B$，

$\therefore$ $\angle A + \angle AEF = 90°$，

$\therefore$ $\angle AFE = 90°$，

$\therefore$ $\angle AFE = \angle ADC = 90°$，

$\therefore$ $EF /\!/ CD$.

设计意图：通过两个例题的学习，通过多种方法让学生明白可以通过两角相等或者互补来说明两直线平行，先在图上找到要判断的两线，看被哪条直线所截找到同位角、内错角或者同旁内角。

（三）练习巩固

练习 1 如图 5 所示，直线 MN 分别和直线 AB，CD，EF 相交于点 G，H，P，$\angle 1 = \angle 2$，$\angle 2 + \angle 3 = 180°$，说明：$AB /\!/ EF$.

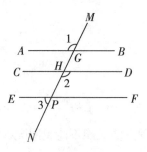

图 5

分析：$AB/\!/EF \Leftarrow \angle 1 = \angle 4 \Leftarrow \begin{cases} \angle 1 = \angle 2 \\ \angle 4 = \angle 2 \Leftarrow \begin{cases} \angle 2 + \angle 3 = 180° \\ \angle 4 + \angle 3 = 180° \end{cases} \end{cases}$

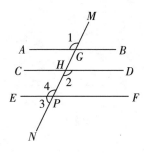

图6

方法一：解：$\because \angle 2 + \angle 3 = 180°$，$\angle 4 + \angle 3 = 180°$，

$\therefore \angle 2 = \angle 4.$

$\because \angle 2 = \angle 1$，

$\therefore \angle 1 = \angle 4$，

$\therefore AB/\!/EF.$

第一种方法主要是利用同位角相等判断两直线平行。同学们观察一下，这个图中有三条平行线，那可不可以用两条直线都和第三条直线平行，证明这两条直线互相平行呢？

分析：$AB/\!/EF \Leftarrow \begin{cases} AB/\!/CD \Leftarrow \angle BGP = \angle 2 \Leftarrow \begin{cases} \angle 1 = \angle 2 \\ \angle 1 = \angle BGP \end{cases} \\ CD/\!/EF \Leftarrow \angle MPF + \angle 2 = 180° \Leftarrow \begin{cases} \angle 2 + \angle 3 = 180° \\ \angle MPF = \angle 3 \end{cases} \end{cases}$

方法二：解：$\because \angle 1 = \angle 2$，$\angle 1 = \angle BGN$，

$\therefore \angle 2 = \angle BGN$，

$\therefore AB/\!/CD.$

$\because \angle 2 + \angle 3 = 180°$，$\angle 3 = \angle MPF$，

$\therefore \angle 2 + \angle MPF = 180°$，

$\therefore CD/\!/EF$，

$\therefore AB \parallel EF.$

练习2 如图7，$\angle 1 = \angle C$，$\angle 2 + \angle D = 90°$，$BE \perp FD$ 于点 G. 试说明：$AB \parallel CD$.

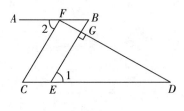

图7

分析：$AB \parallel CD \Leftarrow \begin{cases} ① \angle 1 = \angle B \\ ② \angle C = \angle 2 \Leftarrow \begin{cases} \angle C = \angle 1 \\ \angle 1 = \angle 2 \Leftarrow \begin{cases} \angle D + \angle 2 = 90° \\ \angle D + \angle 1 = 90° \Leftarrow BE \perp FD \end{cases} \end{cases} \\ ③ \angle EFG = \angle D \\ ④ \angle AFD + \angle D = 180° \end{cases}$

方法一：解：$\because BE \perp FD,$

$\therefore \angle D + \angle 1 = 90°.$

$\because \angle D + \angle 2 = 90°,$

$\therefore \angle 2 = \angle 1.$

$\because \angle C = \angle 1,$

$\therefore \angle 2 = \angle C,$

$\therefore AB \parallel CD.$

分析：$AB \parallel CD \Leftarrow$

$\begin{cases} ① \angle 1 = \angle B \\ ② \angle C = \angle 2 \\ ③ \angle EFG = \angle D \\ ④ \angle AFD + \angle D = 180° \Leftarrow \begin{cases} \angle D + \angle 2 = 90° \\ \angle CFD = 90° \Leftarrow \angle D + \angle C = 90° \Leftarrow \begin{cases} \angle C = \angle 1 \\ \angle D + \angle 1 = 90° \end{cases} \end{cases} \end{cases}$

方法二：解：$\because \angle D + \angle 1 = 90°$，$\angle C = \angle 1$，

$\therefore \angle D + \angle C = 90°$，

$\therefore \angle CFD = 90°$.

$\because \angle D + \angle 2 = 90°$，

$\therefore \angle D + \angle AFD = 180°$，

$\therefore AB /\!/ CD$.

设计意图：通过两个练习的巩固，使学生对逆向思维有一个基本的认识，进一步巩固平行线的判定方法。

（四）梳理反思

今天我们学到了什么？

今天我们悟到了什么？

（1）进一步巩固了平行线的判定方法，清晰了解题的思路。

（2）培养一题多解的能力，达到培养思维发散的能力。

设计意图：进一步巩固平行线的判定方法，让学生理清分析思路。

（五）作业布置

1. 如图 8，点 E 为 DF 上的点，点 B 为 AC 上的点，$\angle 1 = \angle 2$，$\angle C = \angle D.$ 试说明：$DF /\!/ AC$.

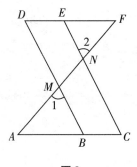

图8

（2）如图 9，点 A 在射线 BG 上，$\angle 1 = \angle 2$，$\angle 1 + \angle 3 = 180°$，$\angle EAB = \angle C.$ 说明 EF 与 CD 的位置关系，请说明理由.

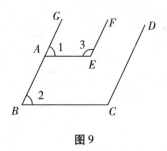

图 9

设计意图：学生进一步巩固所学知识，为下一节课做好准备。

六、教学反思

本节课是一节复习课，主要是通过习题加深学生对平行线判定的掌握，注重过程的分析，以学生为主体，启发学生用不同的方法来解决问题，锻炼学生使用规范的几何语言。

首先，通过知识回顾，加深学生对平行线的判定方法掌握，每一种方法对应的几何语言的书写，然后通过例题的讲解，让学生明白如何分析几何问题，进而达到解决问题的目的。

由于本节课是在疫情防控期间通过网络或电视的方式给学生上课，学生在家的学习存在着差异性，学生的作业质量比较高，能够熟练掌握平行线的判定方法。但是通过返校后的自测，发现有些学生根本就没有认真去上好每一节课，通过这种无生课堂或者视频形式的教学，很难保证学习的质量，都是在家长的逼迫下，或者是在无人监管下去学习，学习效率不高。

七年级下册复习课《专题复习课 2　平行线》①

一、教学目标

1. 知识与技能

理解并掌握平行线的判定与性质，并能灵活运用。

2. 过程与方法

领悟类比、转化等数学思想方法，能够综合运用平行线性质和判定解决问题。

3. 情感与态度

在学习过程中，通过师生的互动交流，培养良好的学习习惯和主动参与的意识，在独立思考的同时能够认同他人。

二、教学内容分析

本节课主要是让学生了解并应用逆向思维方式分析问题，这是平面几何的一个重要内容，是研究几何图形位置关系和数量关系的基础，不但为三角形内角和定理的证明提供了转化方法，而且也是后面学习三角形、四边形等知识的基础。

本节课的重点：掌握平行线的判定和性质，并能用它们进行简单的推理或计算，初步掌握分析问题和解决问题的方法。

本节课的难点：使学生将知识条理化、系统化，能正确地运用进行严密

---

① 本教案为 2020 年疫情防控期间由江西省教育厅组织的"赣教云"中小学线上公开教学的教案，该课例于 2020 年 12 月被江西省教育厅评为全省防疫期间线上教学优质课二等奖，2020 年 9 月荣获江西省首届数字化中学数学教学能力评比初中组一等奖。

推理。

三、学情分析

通过前面的基础知识的学习，大部分学生都能基本掌握平行线的判定与平行线的性质，但还是有少部分同学不能有效区分两者之间的区别与联系，通过平时的作业可以看出，大部分学生还是采用由已知条件得到结论，没有形成逆向思维考虑问题的习惯。因此，在教学过程中还是要注重提高学生分析问题的能力和解题能力，关注学生个性化的学习需求以及对个性化的学习提出恰当评价。

四、教学媒体

多媒体课件、三角尺。

五、教学过程

（一）习题引入

1. 如图 1，点 E 为 DF 上的点，点 B 为 AC 上的点，$\angle 1 = \angle 2$，$\angle C = \angle D$，试说明：$DF /\!/ AC.$

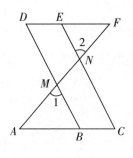

图 1

分析：$DE /\!/ AC \Longleftarrow$

$\left\{\begin{array}{l} \text{①} \angle FEC = \angle C \\[4pt] \text{②} \angle DEC + \angle C = 180° \\[4pt] \text{③} \angle ABD = \angle D \Longleftarrow \\[4pt] \text{④} \angle D + \angle CBD = 180° \\[4pt] \text{⑤} \angle A = \angle F \end{array}\right.$

其中③：

$\angle ABD = \angle D \Longleftarrow \left\{\begin{array}{l} \angle C = \angle D \\[4pt] \angle ABD = \angle C \Longleftarrow \left\{\begin{array}{l} \angle 1 = \angle 2 \\ \angle ANC = \angle 2 \\ \angle A = \angle A \text{（三角形内角和定理）} \end{array}\right. \end{array}\right.$

而在方法③中 $\angle ABD = \angle C \leftarrow BD /\!/ CE \leftarrow \angle ANC = \angle 1$，在整个过程中既用了平行线的性质，也运用了平行线的判定，由此引出本节的内容。

（2）平行线的判定方法有哪些?（由角相等或者互补得线平行）

① 同位角相等，两直线平行。

② 内错角相等，两直线平行。

③ 同旁内角互补，两直线平行。

④ 如果两条直线都与第三条直线平行，那么这两条直线也互相平行。

（3）平行的性质有哪些?（由线平行得角相等或者互补）

① 两直线平行，同位角相等。

② 两直线平行，内错角相等。

③ 两直线平行，同旁内角互补。

设计意图：通过习题两种不同方式的讲解，让学生感悟平行线判定和性质内容，并会运用简单的推理，思考判定与性质的区别与联系，对知识有更全面的综合认识。

（二）变式学习

变式一：如图2，点 B，E 分别在 AC，DF 上，BD，CE 均与 AF 相交，$\angle 1 = \angle 2$，$\angle C = \angle D.$

试问：$\angle A$ 与 $\angle F$ 相等吗? 请说出你的理由.

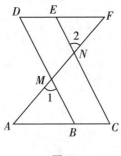

图 2

解：$\angle A = \angle F$. 理由如下：

∵ $\angle 1 = \angle DMF$，$\angle 2 = \angle 1$，

∴ $\angle 2 = \angle DMF$，

∴ $BD /\!/ CE$，

∴ $\angle CEF = \angle D$.

∵ $\angle D = \angle C$，

∴ $\angle C = \angle CEF$，

∴ $DF /\!/ AC$，

∴ $\angle A = \angle F$.

变式二：如图 3，点 B，E 分别在 AC，DF 上，BD，CE 均与 AF 相交，$\angle 1 = \angle 2$，$\angle A = \angle F$.

试说明：$\angle C = \angle D$.

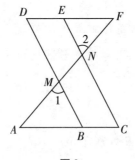

图 3

解：∵ $\angle 1 = \angle 2$，$\angle 2 = \angle ANC$，

∴ $\angle 1 = \angle ANC$，

$\therefore BD \mathbin{/\mkern-5mu/} CE$,

$\therefore \angle ABD = \angle C$,

$\therefore \angle A = \angle F$,

$\therefore DF \mathbin{/\mkern-5mu/} AC$,

$\therefore \angle D = \angle ABD$,

$\therefore \angle C = \angle D$.

设计意图：通过两个变式的学习，让学生明白判断两角相等可以通过平行来实现，也可以通过角之间的等量代换来实现，不管以何种方式，都考查到了平行线的判定与性质，进一步让学生加强对它们的运用。

（二）练习巩固

练习 1：如图 4 所示，已知 $\angle 1 + \angle 2 = 180°$，$\angle B = \angle 3$，你能判断 $\angle ACB$ 与 $\angle AED$ 的大小关系吗？说明理由．

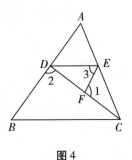

图 4

分析：$\angle ACB = \angle AED \Leftarrow DE \mathbin{/\mkern-5mu/} BC \Leftarrow$

$\begin{cases} ①\angle DEC = \angle BCD \\ \\ ②\angle ADE = \angle B \Leftarrow \begin{cases} \angle B = \angle 3 \\ \\ \angle ADE = \angle 3 \Leftarrow EF \mathbin{/\mkern-5mu/} AB \Leftarrow \angle 2 = \angle DEF \Leftarrow \begin{cases} \angle 2 + \angle 1 = 180° \\ \\ \angle DEF + \angle 1 = 180° \end{cases} \end{cases} \end{cases}$

解：$\angle ACB = \angle AED$. 理由如下：

$\because \angle 1 + \angle 2 = 180°$，$\angle 1 + \angle DFE = 180°$，

$\therefore \angle 2 = \angle DFE$，

$\therefore AB \mathbin{/\mkern-5mu/} EF$，

$\therefore \angle 3 = \angle ADE.$

$\because \angle 3 = \angle B,$

$\therefore \angle ADE = \angle B,$

$\therefore DE /\!/ BC.$

$\therefore \angle ACB = \angle AED.$

练习2：如图5所示，BD 平分 $\angle ABC$，F 在 AB 上，G 在 AC 上，FC 与 BD 相交于点 H，$\angle 3 + \angle 4 = 180°$，试说明：$\angle 1 = \angle 2$.

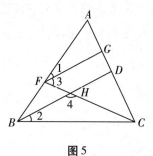

图5

分析：$\angle 1 = \angle 2 \Leftarrow$

$$\begin{cases} ① \angle 2 = \angle ABD \Leftarrow BD \text{ 平分 } \angle ABC \\ ② \angle 1 = \angle ABD \Leftarrow BD /\!/ FG \Leftarrow \angle 3 + \angle FHD = 180° \Leftarrow \begin{cases} \angle 3 + \angle 4 = 180° \\ \angle 4 = \angle FHD \end{cases} \end{cases}$$

解：$\because \angle 3 + \angle 4 = 180°$，$\angle 4 = \angle FHD$，

$\therefore \angle 3 + \angle FHD = 180°$，

$\therefore BD /\!/ FG$，

$\therefore \angle 1 = \angle ABD.$

$\because BD$ 平分 $\angle ABC$，

$\therefore \angle ABD = \angle 2$，

$\therefore \angle 1 = \angle 2.$

练习3：如图6，已知，BCE，AFE 是直线，$AD /\!/ BE$，$\angle 1 = \angle 2$，$\angle 3 = \angle 4$，试说明：$AB /\!/ CD$.

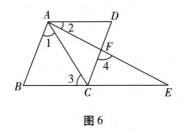

图 6

分析：$AB /\!/ CD \Leftarrow$

$\begin{cases} ① \angle FCE = \angle B \\ ② \angle 1 = \angle ACD \\ ③ \angle BAE = \angle 4 \Leftarrow \begin{cases} \angle 3 = \angle 4 \\ \angle BAE = \angle 3 \Leftarrow \begin{cases} \angle BAE = \angle CAD \Leftarrow AD /\!/ BE \\ \angle 3 = \angle CAD \Leftarrow \angle 1 = \angle 2 \end{cases} \end{cases} \\ ④ \angle BAE = \angle AFD \end{cases}$

解：$\because \angle 1 = \angle 2$,

$\therefore \angle 1 + \angle CAE = \angle 2 + \angle CAE$,

$\therefore \angle DAC = \angle BAE.$

$\because AD /\!/ BE$,

$\therefore \angle DAC = \angle 3.$

$\because \angle 3 = \angle 4$,

$\therefore \angle 4 = \angle BAE$,

$\therefore AB /\!/ CD.$

设计意图：通过三个练习的巩固，使学生对逆向思维有一个基本的认识，进一步巩固平行线判定与性质的综合运用。

（三）梳理反思

今天我们学到了什么？今天我们悟到了什么？

（1）分析问题的方法：由已知看可知，扩大已知面。由未知想须知，明确解题方向。

（2）转化思想，即把要求得的结论向熟悉的定理和常用方法转化。

（3）在书写证明过程中，理清思路，不要跳步，推理严谨，步步有理有据。

设计意图：对所学知识进行归纳总结，进一步巩固所学知识，体会逆向思维在数学中的应用。

（四）作业布置

1. 如图 7，在四边形 *ABCD* 中，$\angle A = 104° - \angle 2$，$\angle ABC = 76° + \angle 2$，$BD \perp CD$ 于 *D*，$EF \perp CD$ 于 *F*，能辨认 $\angle 1 = \angle 2$ 吗？试说明理由.

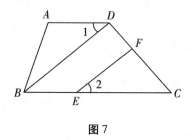

图 7

2. 如图 8，已知 $\angle B = 40°$，$\angle BED = 71°$，$\angle D = 31°$. 试探究 *AB* 与 *CD* 的位置关系.

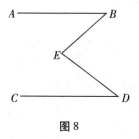

图 8

设计意图：巩固本节课所学的内容，第（2）题判断两线的位置关系时需要添加辅助线，为平行线的应用做好铺垫。

六、教学反思

本节课的重点是平行线的性质与判定，难点是理解平行线的性质与判定的区别，并能在推理中正确地使用平行线的性质与判定。例题中说明两线平行，需要说明角相等，而角相等的找法可以使用平行线的性质，正好结合了性质与判定，让学生更容易明白性质和判定定理该如何使用。

这节课是上节课《理清思路判平行》的延续，同样是一节疫情防控期间通过网络或电视的视频网课。通过上一节课作业的讲解，进行引入，主要是以老师的讲解为主，留给学生思考的时间比较短，缺少课堂师生之间的互动，无法查看学生的书写过程和格式，所以学生的学习效果无法得到保证。因此在今后的教育教学过程中，要稳稳抓住课堂，以学生为主体，教师为辅，要有意识地培养学生有条理的思考与表述，训练学生的逻辑思维能力。

七年级下册期中复习课《专题复习课3 拐角遇到平行线》①

一、教学目标

1. 知识与技能

（1）灵活利用平行线的性质与判定解决问题。

（2）学会添加辅助线的方法。

2. 过程与方法

通过类比、转化等数学思想方法，能够灵活利用平行线性质和判定解决相关问题。

3. 情感与态度

培养学生的观察推理能力与合作交流能力。

二、教学内容分析

本节课主要是平行线的判定和性质的运用中的专题题型——平行线中的拐点问题。学生在学习了平行线的判定和性质的基础上，总结提炼的专题题型。在平行线中掌握的两种关系：一是线的位置关系，二是角的数量关系，根据所学知识进行探究、探索，注意上下题目之间的联系，注意上下步骤之间的推理严密性。

本节课的重点：正确解决常见的拐点问题。

————————————

① 本教案为 2020 年疫情防控期间由江西省教育厅组织的"赣教云"中小学线上公开教学的教案。

本节课的难点：掌握探究拐点问题的基本思路和方法。

三、学情分析

学生通过前面的基础知识的学习，都能基本掌握平行线的判定与平行线的性质。针对平行线判定和性质的运用过程，总结提炼特殊的专题题型指导学生进行的探索理解，掌握其解决的方法，通过基本题型的探究，提高学生的分析能力和解题能力。因此，在教学过程中要关注学生个性化的学习需求以及对个性化的学习提出恰当评价。

四、教学媒体

多媒体课件、三角尺。

五、教学过程

（一）习题引入

如图1，已知$\angle B = 40°$，$\angle BED = 71°$，$\angle D = 31°$. 试探究 AB 与 CD 的位置关系.

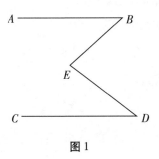

图1

分析：AB 与 CD 的位置关系有两种：平行与相交。观察图形，两直线的位置关系是平行的，但是它们没有被第三直线所截，没有形成同位角、内错角或同旁内角，所以直接由该图无法通过角相等或者互补判断两直线平行，我们需要构造角相等或互补，那就要添加辅助线，如图2所示：

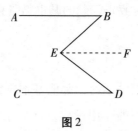

图2

解：过点 E 作 $EF /\!/ AB$.

∵ $\angle B = 40°$,

∴ $\angle BEF = \angle B = 40°$.

∵ $\angle BED = 71°$,

∴ $\angle DEF = \angle BED - \angle BEF = 31°$.

∵ $\angle D = 31°$,

∴ $\angle DEF = \angle D$,

∴ $EF /\!/ CD$,

∴ $AB /\!/ CD$.

师：上面告诉了角的大小，通过添加平行线，利用平行线的性质与判定来说明两直线平行。同学们想想，如果在 AB 与 CD 平行的条件下，$\angle B$，$\angle BED$ 与 $\angle D$ 中三个角之间有着什么关系呢?

设计意图：通过上节课布置的作业，引入学习平行线"拐角"问题，进一步使用平行线的性质与判定。

(二) 思考学习

思考1 如图3，若 $AB /\!/ CD$，试说明 $\angle D$，$\angle B$ 与 $\angle BED$ 的数量关系，请说明理由.

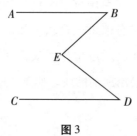

图3

分析：已知$AB /\!/ CD$，图中同样没有同位角、内错角或同旁内角，所以参照上面的习题讲解是不是也要作同样的辅助线呢？试试看吧。

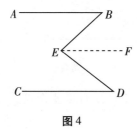

图4

解：过点E作$EF /\!/ AB$，

∴ $\angle B = \angle BEF$.

∵ $AB /\!/ CD$，

∴ $EF /\!/ CD$，

∴ $\angle D = \angle DEF$，

∴ $\angle BED = \angle DEF + \angle BEF = \angle D + \angle B$.

变式一：如图5，若$AB /\!/ CD$，请直接写出$\angle E + \angle G$与$\angle B + \angle F + \angle D$之间的数量关系为_____.

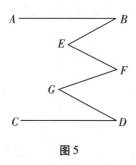

图5

师：观察图形，它与思考1中的图形有什么变化？

生：思考1中可以认为向里面拐了一次，这个图拐了两次。

师：既然都是拐点问题，是不是解题方法是类似的呢？

生1：分别过点E，F，G作$EM /\!/ AB$，$FN /\!/ AB$、$GP /\!/ AB$，可以判断图中的五条线是互相平行的，根据平行线的性质，得到一系列的内错角相等，从而得到$\angle E + \angle G = \angle B + \angle F + \angle D$.

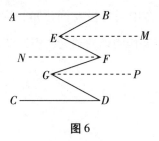

图 6

生 2：我有不同看法，我觉得没有必要作这么多的平行线，只要过点 F 作一条平行线即可。

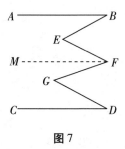

图 7

这样就可以将这个图形分成两个如思考 1 中的图形，直接利用思考 1 中的结论很容易得到 $\angle E + \angle G = \angle B + \angle F + \angle D.$

师：我们同学很棒，如果我把拐点的个数再增加一个呢？我们来看这样一道题：

变式二：如图 8，若 $AB /\!/ CD$，请直接写出 $\angle E + \angle G + \angle N$ 与 $\angle B + \angle F + \angle M + \angle D$ 之间的数量关系为_____.

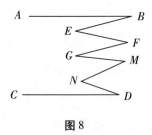

图 8

师：那几个角之间又有着怎么样的关系，怎么解决呢？是不是还可以参照上面的方法呢？

生 1：可以分别过 B，E，F，G，M，N 作 AB 的平行线来解决 $\angle E + \angle G +$

$\angle N = \angle B + \angle F + \angle M + \angle D.$

生 2：如果拐点很多的时候，这么做显然很麻烦，其实可以从中发现规律：

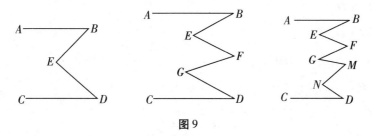

图 9

第一个图的结论是：$\angle BED = \angle D + \angle B,$

第二个图的结论是：$\angle E + \angle G = \angle B + \angle F + \angle D,$

那第三个图形很容易发现：$\angle E + \angle G + \angle N = \angle B + \angle F + \angle M + \angle D.$

师：是的，向右角的和与向左角的和是相等的。

变式三：如图，若 $AB /\!/ CD$，又能得到什么结论？

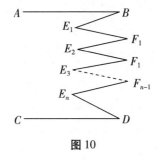

图 10

$\angle E_1 + \angle E_2 + \angle E_3 + \cdots + \angle E_n = \angle B + \angle F_1 + \angle F_2 + \cdots + \angle F_{n-1} + \angle D$

师：那我们来看第 2 个思考，它又有着什么结论呢？

思考 2　如图 11，若 $AB /\!/ CD$，试探究 $\angle D$，$\angle B$ 与 $\angle BED$ 之间的数量关系，并说明你的理由.

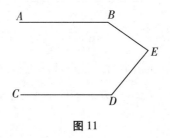

图 11

解：过点 E 作 $EF /\!/ AB$，

$\therefore \angle B + \angle BEF = 180°.$

$\because AB /\!/ CD,$

$\therefore EF /\!/ CD,$

$\therefore \angle D + \angle DEF = 180°,$

$\therefore \angle BED + \angle D + \angle B = 360°.$

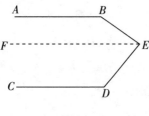

图 12

变式一：如图 13，若 $AB /\!/ CD$，直接写出 $\angle B$，$\angle E$，$\angle F$ 与 $\angle D$ 之间的数量关系为_____.

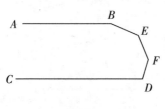

图 13

生 1：可以由 E，F 两点分别作 AB 的平行线 EM，FN.

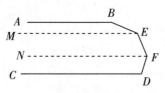

图 14

由 $AB /\!/ CD$ 判断 4 条线互相平行，根据性质可得 $\angle B + \angle BEM = 180°$，同理 $\angle MEF + \angle EFN = 180°$，$\angle NFD + \angle D = 180°$，将三个式子相加得到 $\angle B + \angle E + \angle F + \angle D = 540°.$

生 2：当然也可以只作一条平行线直接使用思考 2 的结论。

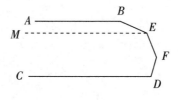

图 15

变式二：如图 16，若 $AB /\!/ CD$，直接写出 $\angle B$，$\angle E$，$\angle F$，$\angle G$ 与 $\angle D$ 之间的数量关系为 _____.

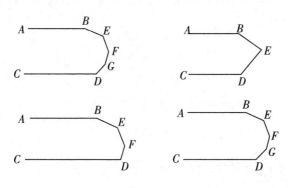

图 16

生：直接通过规律得到结论：$\angle B + \angle E + \angle F + \angle G + \angle D = 720°$.

变式三：如图 17，若 $AB /\!/ CD$，你又得到什么结论？

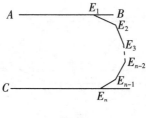

图 17

生：得到结论：$\angle AE_1E_2 + \angle E_2 + \angle E_3 + \cdots + \angle E_{n-2} + \angle E_{n-1} + \angle E_{n-1}E_nC$
$= (n-1) \cdot 180°$.

思考 3 如图 18，已知 $AB /\!/ CD$，$\angle E = 80°$，BF 平分 $\angle ABE$，DF 平分 $\angle CDE$，则 $\angle BFD = $ _____.

291

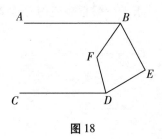

图 18

师：这道题是不是可以看成思考 1 和 2 的结合，那我们是不是可以直接借助那两个结论来解决问题？

生 1：由点 F，E 分别作 AB 的平行线，由平行线的性质得到相关结论。

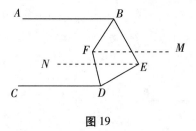

图 19

生 2：可以将上面的图形进行分离，直接使用结论。

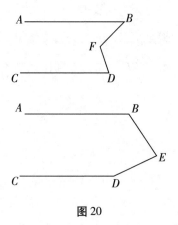

图 20

图 20 上图可以得到：$\angle F = \angle ABF + \angle FDC$，下图可得：$\angle ABE + \angle E + \angle EDC = 360$，而 $\angle ABE = 2\angle ABF$，$\angle EDC = 2\angle FDC$，再将数据代入进去得到 $\angle BFD = 140°$.

变式一：如图 21，已知 $AB /\!/ CD$，若 $\angle ABM = \dfrac{1}{5}\angle ABF$，$\angle CDM =$

$\dfrac{1}{5}\angle CDF$，BF 平分 $\angle ABE$，DF 平分 $\angle CDE$，请写出 $\angle M$ 与 $\angle E$ 之间的数量关系：_____.

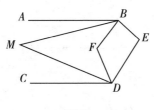

图 21

变式二：如图 22，已知 $AB \parallel CD$，若 $\angle ABM = \dfrac{1}{n}\angle ABF$，$\angle CDM = \dfrac{1}{n}\angle CDF$，$BF$ 平分 $\angle ABE$，DF 平分 $\angle CDE$，$\angle E = m$，请用含有 n，m 的代数式表示出 $\angle M$.

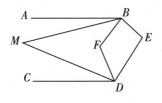

图 22

设计意图：通过不同的变式，让学生明白平行线的"拐角"问题该如何正确使用辅助线及规律探索。

（三）梳理反思

今天我们学到了什么？今天我们悟到了什么？

设计意图：让学生进一步巩固平行线的"拐角"问题，明白复杂图形可以进行分离，有助于问题的分析。

（四）作业布置

1. 如图 23 所示，已知 $\angle B = 35°$，$\angle BCD = 45°$，$\angle CDE = 30°$，$AB \parallel EF$，求 $\angle E$ 的大小。

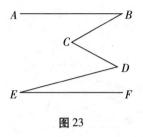

图23

（2）已知 $AB/\!/CD$，点 E 为 AB，CD 之外的任意一点.

① 如图24，探究 $\angle BED$ 与 $\angle D$，$\angle B$ 的数量关系，并说明理由.

② 如图25，探究 $\angle BED$ 与 $\angle D$，$\angle B$ 的数量关系，并说明理由.

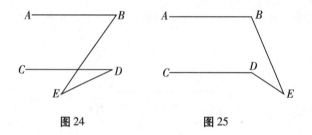

图24　　　　　　　　图25

设计意图：让学生进一步巩固本节课所学的知识，方法的处理。

六、教学反思

平行线中的"拐角"问题一直不仅是教学上的一个难点，而且是考试的热点，并且学生在该问题上失分率较高，他们的难点主要是不知道如何添加辅助线以及寻找数量关系的方法，本节课主要是和学生一起探究，让学生掌握对待"拐角"问题的方法与技能。

在学习平行线的"拐角"问题时，从很简单的例子进行引入，符合学生的认知发展规律，为下面活动的开展做好了准备。在整个教学过程中，以学生探究为主线，在学生已有的认知基础上进行引导与点拨，使学生感悟知识发生、发展的过程，使学生的思维细化、深化，让学生在变化过程中寻找不变的规律，充分参与数学活动的机会，激发学生的学习积极性，通过动手操作、猜想等环节，使学生掌握知识的同时，培养他们的动手能力以及表达能力。